Relatório da CIA - Che Guevara

Relatório da CIA - Che Guevara

Documentos inéditos
dos arquivos secretos

Organização, introdução e notas
Mauricio Dias
Mario J. Cereghino

Tradução:
Roberta Barni
Luciano Munhoz

CartaCapital

Ediouro

Capa
Marcelo Martinez – Laboratório Secreto

Foto de capa
Alberto Korda

Copidesque
Márcia Glenadel

Revisão
Taís Monteiro

Produção Editorial
Cristiane Marinho

CIP-BRASIL. CATALOGAÇÃO-NA-FONTE
SINDICATO NACIONAL DOS EDITORES DE LIVROS, RJ

R321

Relatório da CIA, Che Guevara : documentos inéditos dos arquivos secretos / organização, introdução e notas Mauricio Dias [e] Mario J. Cereghino ; tradução de documentos originais Roberta Barni, Luciano Munhoz. - Rio de Janeiro : Ediouro, 2007.

ISBN 978-85-00-02229-6

1. Guevara, Ernesto, 1928-1967. 2. Guerrilheiros - América Latina. 3. Estados Unidos. Central Intelligence Agency. 4. Serviço secreto - Estados Unidos. I. Dias, Mauricio. II. Cereghino, Mario J.

07-2914.

CDD: 322.4209
CDU: 32(84)

07 08 09 10 11 6 5 4 3 2 1

Rua Nova Jerusalém, 345 — Bonsucesso
Rio de Janeiro — RJ — CEP 21042-235
Tel.: (21) 3882-8200 Fax: (21) 3882-8212/8313
www.ediouro.com.br

*** Prefácio ***

Ele não acredita. Decididamente, Douglas Henderson, embaixador norte-americano em La Paz, não dá crédito ao general-presidente René Barrientos e ao comando militar da Bolívia, que, alarmados, falam sobre o aparecimento do "perigo castro-comunista" naquele país andino. Apesar do descrédito do grande aliado, e também fiador da ditadura, no começo de março de 1967, "o Exército boliviano começa a receber relatórios sobre um grupo de forasteiros com barba, na região sudeste do país", registra retrospectivamente um relatório secreto da CIA, de 8 de agosto.

Naquele mês, aos olhos do embaixador, a "ameaça guerrilheira" pareceu um pretexto, alegado apressadamente pelos militares da Bolívia para engordar o caixa. Era muito ruim a imagem dos bolivianos junto às autoridades norte-americanas em La Paz e em Washington. Como sempre. Ironicamente, os americanos batizam de "lista para o Papai Noel" a série de pedidos econômicos e militares de Barrientos, como registrou, em 18 de março, em relatório secreto ao Departamento de Estado, o embaixador Henderson. No entanto, em 1963, o secretário de Estado Dean Rusk tinha avisado ao presidente boliviano Paz Estenssoro que Fidel Castro "poderia organizar atos de terrorismo no hemisfério ocidental". E é desde 1964 que os Estados Unidos treinam secretamente uma "força-tarefa" composta por 27 homens na região de Santa Cruz, na Bolívia. Enfim, a "polícia do mundo" não parece estar de braços cruzados. Mas, da parte americana, continua-se – aparentemente – a não dar muito crédito aos supostos confrontos armados na região de Nancahuazu. Nesse caso, a referência ao governo americano não inclui a CIA. Henderson escreve a Rusk,

1 Relatório do Departamento de Estado, secreto, 22 de setembro de 1960.

naquele agitado mês de março, no calendário político boliviano: "O governo boliviano ainda não produziu provas evidentes quanto à existência de tal ameaça."

Che estava sumido e a CIA tentava desesperadamente rastrear os passos de um rebelde que tinha como propósito disseminar a revolução pelos quatro cantos do mundo. A vontade existia. As condições políticas, não. Um exagero, portanto. Àquela altura, em meados dos anos 1960, nem mesmo a vitória em Cuba estava consolidada. Aviões ainda partiam de Miami para incendiar os canaviais e abalar a economia de Cuba. Mas a ilha já provocava pesadelos no governo dos Estados Unidos.

> Ernesto Che Guevara, identificado freqüentemente como espírito, guia do regime castrista, parece ter assumido a responsabilidade de exportar a revolução para todo o hemisfério. Para isso, os agentes cubanos utilizam amplamente o manual dele (sobre o manual, mais à frente fazemos uma análise) [...] O sucesso é a coisa que Che oferece aos leitores latino-americanos no volume *A guerra de guerrilhas* (Havana, Instituto Nacional de Reforma Agrária, 1960, 187 páginas), e é aqui que se esconde o grande perigo deste livro. Pregando a vitória e explicando como alcançá-la, Guevara oferece um catalisador capaz de derrotar a moderação que está na cabeça dos aspirantes revolucionários latino-americanos. [...] Ele propõe abertamente uma revolução contra a ordem socioeconômica estabelecida, cujos maiores defensores são os elementos conservadores nacionais e o capital estrangeiro (sobretudo o capital dos Estados Unidos).[1]

Che estava sumido. Mas as idéias que plantou circulavam livremente e provocavam reações diversas aqui e ali. Era lido por seguidores e adversários. Um relatório secreto da CIA, de 11 de abril de 1962, mostra a Agência "muito interessada nas estratégias da guerra não convencional" e que, por isso, mantinha-se em dia com a leitura de dois clássicos: *A guerrilha* de Mao Tsé-Tung e *A guerra de guerrilhas*, de Guevara. O documento registra, inclusive, que "o presidente Kennedy teria lido ambos e que os mantinha sempre à mão".

Identificar o paradeiro de Che é ponto de honra. As incertezas, criadas quando ele deixou o Ministério das Indústrias, abrem caminho para as fantasias, alimentadas pela desinformação.

No dia 28 de abril, foi permitido a um funcionário de nossa embaixada ver um relatório de seis páginas redigido no dia 17 de abril pelo embaixador francês em Havana, Negrier. [...] Está escrito que Castro e Dorticós,[2] de um lado, e Che Guevara e Aragones, de outro, começaram uma série de discussões. Segundo Negrier, Castro teria nomeado Che embaixador em Moscou, mas ele teria recusado a oferta. Nada foi publicado na mídia, sobretudo a propósito de Guevara (conhecido pela sua indiscrição) [...] O documento nos foi passado por Raoul Spitalier (proteger a fonte), responsável pelas questões latino-americanas do Ministério do Exterior francês [...].[3]

Antes de chegar à Bolívia, Che Guevara passa pela África e amarga uma derrota ao entrar com seus homens na guerra do Congo. Quase perde a vida. Até chegar lá é criado um enorme mistério, alimentado por uma grande especulação em torno de uma pergunta: onde está Che?

[...] Guevara saiu de cena desde o dia 14 de março, data do retorno dele a Cuba, após uma viagem de três meses à África e à China comunista. O desaparecimento dele desencadeou muitos rumores em Havana, tanto em relação ao lugar onde estaria nesse momento como sobre as relações dele com Fidel. Não podemos excluir totalmente a possibilidade de que Che tenha caído em desgraça, embora seja mais provável que ele continue a desenvolver um papel importante no regime castrista [...].[4]

O medo multiplica o mito. Guatemala? Venezuela?...

Ontem à noite, o embaixador da Guatemala me comunicou que recebeu a seguinte informação de uma fonte não especificada: Che Guevara estaria agora na Guatemala. O embaixador colombiano também me disse que haveria sinais da presença de Che Guevara naquele país. Comuniquei a ambos que, pelas notícias da imprensa, Che estaria na Venezuela.[5]

2 Osvaldo Dorticós Torrado (1919-1983) voltou do exílio no México após a vitória da revolução e foi eleito, por um Conselho de Ministros, presidente de Cuba em 17 de julho de 1959. Permaneceu no cargo até 2 de dezembro de 1976.

3 Relatório enviado ao Departamento de Estado pela Embaixada dos Estados Unidos em Paris, confidencial, 6 de maio de 1965.

4 Boletim da CIA, secreto, 12 de junho de 1965.

5 Telegrama da Embaixada americana em Montevidéu ao Departamento de Estado, em 18 de junho de 1965.

6 Circular do Departamento de Estado, confidencial, 23 de junho de 1965, a todas as unidades diplomáticas dos Estados Unidos na América Latina.

7 Noticiário da CIA, secreto, 24 de junho de 1965.

8 Telegrama da Embaixada dos Estados Unidos em Paris, 26 de junho de 1965.

... Colômbia? República Dominicana? Uruguai? Argentina? Argélia? URSS? Onde está Che?

> Rumores (repetimos: rumores) dão conta de que Che Guevara está não somente na Guatemala, Colômbia e Venezuela, mas também na República Dominicana, no Uruguai, na Argentina, na Argélia, na URSS e em muitos outros países. O Departamento de Estado não tem informações confiáveis capazes de confirmar os boatos acima. Na nossa opinião, desde seu desaparecimento, em meados de março, Che ficou em Cuba; não caiu em desgraça; continuará a desenvolver um papel importante no partido e em Cuba [...].[6]

Atarantada, a CIA perde o senso da realidade. Espiões ineficazes, aguardam inconfidências da rádio oficial do governo e se surpreendem quando não ouvem a notícia que esperam.

> [...] Rádio Havana não fez nenhum comentário sobre o lugar no qual poderia se encontrar Che Guevara, ausente da cena pública desde seu retorno a Cuba no dia 14 de março.[7]

Sem alternativas, os homens da CIA e as fontes americanas em Havana caem na mais elementar rede de intrigas.

> Jurgensen (proteger a fonte) comunicou a um funcionário da nossa embaixada ter recebido de uma fonte oficiosa (habitualmente confiável) a seguinte informação: Che Guevara, enfermo e politicamente em desgraça, foi exonerado do cargo e poderia estar na União Soviética.[8]

O conflito quanto aos rumos da economia cubana entre Fidel Castro e Guevara entra nas considerações mais seguras da CIA. Sobre esse conflito, Che silenciava e Fidel o negava. Mas ele existia.

> Joseph Starobim, ex-importante membro do Partido Comunista dos Estados Unidos da América, está escrevendo um ensaio para a revista *Foreing Affairs* sobre o movimento comunista na Europa Ocidental. [...] Durante a estada dele na Itália, Starobim teve uma longa conversa com o jornalista Saverio Tutino, que tinha acabado de chegar de Cuba, onde trabalhou como correspondente de jornais comunistas

italianos [...] Na opinião de Tutino, Che Guevara não caiu em desgraça, mas está aborrecido. Em março desse ano, após a volta dele (Che) a Cuba, o primeiro-ministro Fidel Castro comunicou a Guevara que as teorias dele sobre desenvolvimento econômico e, de um ponto de vista mais prático, suas idéias sobre o que deveria ser feito para sanear a economia cubana, não estavam mais alinhadas com a cúpula do regime (incluindo o próprio Fidel). Então, Castro sugeriu que seria melhor para todos que Che passasse do Ministério das Indústrias para outra função prestigiada no governo [...]. Che aceitou deixar o cargo de ministro das Indústrias, mas recusou outro cargo. As idéias nas quais ele acreditava profundamente eram refutadas e isso, na opinião de Che, era um equívoco. Seria, então, errado e inútil trabalhar para um objetivo no qual ele não acreditava.

Desse confronto, no qual se pode sentir o vento frio soprado de Moscou, teria surgido a decisão de Che de sair de Cuba. Mas com outra missão que não agradaria aos soviéticos. Coube a ele a tarefa de criar o ambiente para que o novo regime da ilha, isolado, não fosse sufocado pelos adversários.[9] As análises não levam isso em consideração. Posteriormente, apesar do contraste entre Che (o revolucionário) e Fidel (o governante), a aliança entre os dois parece não ter-se rompido.

Na opinião de Tutino, Guevara teria recusado o cargo de prestígio[10] oferecido por Castro, e insistiu em se manter tranqüilamente à margem. Parece que essa atitude deixou Fidel consternado: em seguida, Fidel teria convidado Che (pelo qual, segundo Tutino, Fidel continua a ter profunda devoção) a rever suas posições. Depois de receber outra recusa de Che, Castro resignou-se, embora continue pensando ser possível que Guevara volte logo ao trabalho. Desde então, Che retirou-se para uma pequena comunidade rural na Província do Oriente [...]. Comentário: na minha opinião, a versão de Tutino sobre o destino de Guevara é bastante plausível. Coincide com o caráter de Che e explicaria por que Castro, em várias ocasiões, o elogiou enquanto circulavam rumores sobre o fato de Che ter caído em desgraça. Mas, considerando plausível por um momento a versão de Tutino, podemos pensar que o "retiro" de Guevara equivale a um

9 Ver 18 Brumário.

10 Não há menção ao cargo, mas poderia ser, como foi especulado, a embaixada em Moscou. É sabido, no entanto, que Guevara entrou em colisão ideológica com a União Soviética. Em um famoso discurso na Argélia, Che Guevara atacou direta e duramente a política da União Soviética nos países subdesenvolvidos, então chamados de Terceiro Mundo.

torpedeamento político. Depois de ter se esforçado para nunca entrar em conflito com Che, não passará muito tempo até que Fidel (que tem as cartas na mão) perca a paciência. Se isso ocorrer, Guevara estará fora do poder de maneira definitiva, já que, num eventual confronto com Castro, Che perderia.[11]

Não só os arquivos da CIA, mas também os papéis do Departamento de Estado, são um manancial inesgotável de especulações sem sentido, principalmente quando os documentos passam pela estufa parisiense. Eles ainda procuram Che.

> Raoul Spitalier, responsável pelas questões latino-americanas no Ministério Exterior francês, recentemente mostrou a um funcionário da nossa Embaixada um relatório proveniente da Embaixada francesa em Havana, no qual há especulações sobre o local em que poderia estar Che Guevara. Embora os diplomatas e jornalistas presentes em Cuba tenham investigado exaustivamente o tema (alguns de maneira discreta, outros nem tanto), tornou-se impossível obter informações corretas sobre a saúde de Guevara ou sobre o lugar onde está atualmente. O documento continua citando dois relatórios escritos por fontes bem situadas, e, normalmente, confiáveis. O primeiro relatório afirma que Guevara se encontra nos arredores de Havana; o segundo afirma que ele está sendo submetido a normas disciplinares por ter agido "de maneira indiscreta" e ter cometido "erros de avaliação". Spitalier comentou, depois, que o embaixador francês em Havana, Negrier, [...] está convencido de que Guevara se encontra em Cuba gravemente doente [...].[12]

Fidel Castro sinaliza que, fora de Cuba, Che tinha outra tarefa que, com ironia não percebida na ocasião, foi chamada de "esforço modesto".

> [...] Ernesto "Che" Guevara, ex-ministro das Indústrias e o mais influente revolucionário do regime castrista, abandonou a cena política cubana e, também, a ilha. No dia 3 de outubro, Castro leu publicamente uma carta, escrita provavelmente por Guevara, no dia 1º de abril,[13] na qual Che renova os sentimentos de respeito a Castro e à revolução cubana. Porém, Castro declarou que agora

11 Memorando confidencial da conversa entre o professor Joseph Starobim, membro do Instituto Columbia de estudos sobre o comunismo e Wayne S. Smith, do Departamento de Estado, 12 de agosto de 1965.

12 Relatório confidencial ao Departamento de Estado enviado pela embaixada dos Estados Unidos em Paris, em 13 de setembro de 1965.

13 Tudo acontece em 15 dias. Che voltou a Cuba em 14 de março, depois de três meses entre China (onde se encontrou com Mao Tsé-Tung), Argélia e dez países africanos. Fidel já estava decidido. Sabe-se que a divulgação da carta de despedida de Che foi precipitada e recebeu reprovação do próprio guerrilheiro. Pressão soviética?

Guevara teria que fazer um "esforço modesto" para os progressos da revolução em outros países não especificados. É provável que Che tenha caído em desgraça, em conseqüência das divergências políticas com Castro, sobre temas como a solução dos problemas da economia cubana, a "linha justa" para as atividades revolucionárias no hemisfério ocidental.[14]

A CIA comemora a oposição da União Soviética a Che. As angústias da agência estão muito perto do fim.

> [...] Parece que a queda de Guevara foi resultado de sua persistente oposição às políticas aconselhadas pela União Soviética. As visões de Che sobre o desenvolvimento econômico e sobre a política exterior de Cuba, que se refletiam na sua hostilidade geral à linha soviética, podem ter tido um papel crucial. Considerado o maior porta-voz da militância revolucionária de Cuba, Guevara desaprovava o alinhamento de Castro com a União Soviética, sobre o tema da disputa sino-soviética [...] Em dezembro de 1964, Guevara partiu para uma viagem de três meses às Nações Unidas, à África e a Pequim. Nesse período, Castro perdeu toda a confiança nas teorias dele, e decidiu em favor da escola econômica "revisionista", liderada pelo presidente Dorticós e Carlos Rafael Rodríguez [...].[15] Com a queda de Che, o alinhamento da revolução cubana com a União Soviética nas questões domésticas e internacionais, entra decididamente numa fase nova[16] [...].

A opção de Fidel Castro pelo "revisionista" Rodríguez expõe, de forma inegável, o choque com Che Guevara na questão econômica. Fidel não dava sinais de ter perdido a confiança no rebelde Che, como mostra o drible que dá na imprensa para enganar a CIA, no jogo de contra-informação do serviço secreto cubano. Che Guevara, a essa altura, já está no Congo.

> [...] A nossa fonte afirma que, durante uma conversa com alguns jornalistas em Havana (até agora não divulgada em Cuba) Fidel Castro deixou entender que Che Guevara se encontra atualmente na Guatemala.[17]

14 Noticiário da CIA, secreto, de 16 de outubro de 1965, Nara.

15 Carlos Rafael Rodríguez Rodríguez (1913-1997), economista. Em 1959, vitoriosa a Revolução, ele inicia trajetória ascendente no regime. Foi presidente do Instituto Nacional da Reforma Agrária, o INRA (1962-1965), dirigente nacional das Organizações Revolucionárias Integradas (ORI) e do Partido Unido da Revolução Socialista (PURS). Membro do Comitê Central do novo Partido Comunista de Cuba e vice-primeiro-ministro de Fidel Castro.

16 Relatório da CIA, secreto, de 18 de outubro de 1965.

17 Relatório do Departamento de Estado da embaixada dos Estados Unidos no Cairo, em 12 de fevereiro de 1966.

18 Noticiário da CIA, secreto, 30 de setembro de 1966.

Em setembro, quase às vésperas dos acontecimentos na Bolívia, a CIA finalmente chega à conclusão de que Che Guevara saiu de Cuba. Mas a agência de informações americana ainda tem uma pegunta: onde está Che?

> [...] Ernesto "Che" Guevara foi o expoente político mais dogmático na ênfase dos incentivos morais para aumentar a produtividade. Mas a opinião de Castro prevaleceu sobre esta e outras questões ideológicas, e Che desapareceu da cena cubana no começo de 1965.[18]

Che está na Bolívia desde novembro de 1966, onde chega vindo de São Paulo com um falso passaporte uruguaio, usando o nome de Adolfo Mena González. Está irreconhecível. De cabeça raspada, quase careca, usa enormes óculos escuros, uma prótese na boca, e aparenta muito mais do que os 39 anos que registra sua certidão de nascimento. Desde meados de 1966, alguns fiéis colaboradores cubanos de Che – já com os codinomes de Papi, Pombo e Tuma – estão em ação de reconhecimento militar na Bolívia, onde montaram um campo-base na região de Nancahuazu. E Guevara chega ali em 7 de novembro, a bordo de um jipe. "Hoje começa uma nova fase", anota esperançoso, a 7 de março, no diário de campanha.

Na selva boliviana ele abrirá caminho com um facão, como ocorreu durante a luta travada contra Fulgêncio Batista, oito anos antes, em Cuba. Tudo feito, como sempre, sob contínuos ataques de asma. Graças à ampla memorialística que surgiu nos últimos quinze anos, hoje já se sabe que a CIA e os serviços secretos bolivianos sabiam da presença de Che na Bolívia já no final de 1966. Essa informação bombástica cai ruidosa em Langley, sede da CIA nos Estados Unidos, graças, provavelmente, a uma planejada "inconfidência" da União Soviética, que, além de considerar Guevara um corpo estranho à "comunidade dos países socialistas", julgava a revolução armada uma política a ser neutralizada imediatamente.

Não por acaso, no outono de 1966 chega a Moscou Mario Monje, o secretário do Partido Comunista boliviano, que relata com abundância de detalhes a preparação da insurreição por parte de Guevara e de seus homens. A presença de Che e o chamado à luta armada atraem parte dos comunistas bolivianos (principalmente os mais jovens) e provocam uma evasão nas fileiras do partido que irrita e preocupa os líderes comunistas no país. A ruptura entre Monje e Guevara ocorrerá pouco depois, em Nancahuazu, no dia 31 de dezembro de 1966, como registra o diário de Che.

A CIA, envolvida diretamente nas ações contra a guerrilha, cuida de isolar o embaixador Henderson e, em tese, a própria Casa Branca. O diplomata não é informado dos preparativos da guerrilha guevarista. Embora tenha se tornado um personagem marginal aos acontecimentos cotidianos, os registros feitos por Henderson, agora publicados, são imprescindíveis para uma melhor compreensão da história da guerrilha.

Os falcões da CIA têm fortes motivos para manter a distância aquele diplomata, nomeado embaixador pelo presidente John Kennedy, em 1963. Henderson, em La Paz, não deixa escapar uma oportunidade de lembrar a Barrientos que os insurgentes capturados pelo Exército devem ser processados, e não eliminados com um tiro na nuca, após uma ou mais sessões de torturas que, como o tempo provaria, fazem parte do manual de métodos da agência de informações norte americana. A desconfiança do embaixador em relação aos bolivianos é tamanha que ele recebe com ceticismo até mesmo a notícia do primeiro conflito armado entre guerrilheiros e Exército, em 23 de março de 1967. Um confronto que causa a morte de nada menos do que sete soldados bolivianos.

Pouco depois, no dia 28, as dúvidas de Henderson se dissipam: "Temos agora informações suficientes para poder confirmar que existe de fato atividade de guerrilha entre Camiri e Nancahuazu, e que esta poderia constituir uma ameaça à segurança do governo boliviano", escreve o embaixador num telegrama secreto a Washington.

Até a imprensa local já fala abertamente da presença de Guevara naquele momento. Com efeito, desde o dia 14 de março, dois guerrilheiros estão nas mãos da polícia e são duramente interrogados pela inteligência da 4ª Divisão do Exército boliviano. Os meses de abril, maio e junho de 1967 revelam-se decisivos para o destino da insurreição. Um acampamento dos cubanos é ocupado pelo Exército. Em 10 de abril, um novo e violento tiroteio acontece em Iripiti: três soldados morrem. O diário de um guerrilheiro, Braulio, revela a presença de "Ramon", que teria recebido 25 mil dólares de Havana (Ramon é Guevara, que, ao ouvir a notícia pelo rádio, muda seu codinome para "Fernando").

Em 20 de abril, o francês Regis Debray e o argentino Ciro Bustos são apanhados pelo Exército e confessam que o revolucionário argentino se encontra na Bolívia. Como pintor amador, Bustos esboça os retratos dos guerrilheiros. A divisão de Che já se separou da comandada pelo cubano Joaquín, codinome de Juan Vitalo Acuña Núñez. Os rebeldes passam fome e sede. Em 2 de maio, os americanos enviam uma dúzia de instrutores militares a Santa Cruz, sob o comando do major Robert "Pappy" Shelton. Eles têm a tarefa de treinar os 1.500 *rangers* bolivianos com a missão de aniquilar a guerrilha comunista. Mas o presidente Barrientos tem problemas: os militares ameaçam um golpe para empurrar o governo ainda mais para a direita. E, como se não bastasse, ainda se intrometem os militares argentinos do ditador Juan Carlos Onganía, que fornecem napalm aos bolivianos para bombardear a área na qual se supõe estarem os insurgentes.

O conflito corre o risco de se internacionalizar, um pesadelo terrível para os americanos. As ditaduras latino-americanas – Brasil e Argentina, notadamente – chegam a cogitar o envio de tropas para a Bolívia. Naquele momento, Guevara anota no diário de campanha que "poderia ser o primeiro episódio de um novo Vietnã". E não faltam preocupações a Henderson em relação ao Exército boliviano, "que tende à euforia e às soluções 'mágicas' em vez de se dedicar a cuidar das reformas necessárias nas Forças Armadas", escreve ele, em 24 maio de 1967, ao Departamento de Estado Por fim, o fantasma de Che reaparece entre as linhas da correspondência *top secret* dos diplomatas e dos espiões. De fato, será preciso esperar até 25 de agosto de 1967 para que o embaixador anuncie o envio à capital americana das "provas" da presença de Guevara no comando da guerrilha. Em 7 de julho, os rebeldes ocupam por algumas horas o vilarejo de Samaipata e Che tem um momento de otimismo. Na região mineira de Oruro e Catavi, em junho, o governo reprime com violência uma manifestação popular. Dezenas de mineradores são massacrados pelo Exército. Barrientos receia que possa haver uma ligação entre a guerrilha e aquele movimento.

Enquanto isso, o Departamento de Estado tenta controlar o governo boliviano, que ameaça insensatamente declarar guerra à Cuba de Fidel. Henderson está convencido de que a guerrilha é um elemento de "perturbação", mas não uma "ameaça" à estabilidade do governo Barrientos. Os fatos dirão que estava certo. "O *campesino* boliviano é um ser muito mais primitivo do que o camponês cubano de 1959" – escreve a Washington logo após a morte de Che. "Protege com esmero seus interesses e desconfia de quaisquer intrusos, forasteiros ou representantes do governo." A Guevara falta a adesão popular. Ele se dá conta disso todo o tempo, mas, de modo dramático, percebe mais claramente o fracasso nos últimos meses de luta. Nenhuma ligação com o exterior, nenhum recrutamento entre os *campesinos*, a rede urbana de apoio se desmantela e há um desabamento do moral entre os guerrilheiros.

Na noite de 30 para 31 de agosto, o destacamento guerrilheiro de Joaquín é exterminado durante uma emboscada armada pelo Exército, nos arredores de Vado del Yeso. Entre as nove vítimas também está Tamara Bunke, de codinome "Tania, a guerrilheira". Seu corpo é resgatado às margens do Rio Grande muitos dias depois. Havia nascido em Buenos Aires, em 1937, de pais comunistas alemães. Poliglota, em 1961 se muda para Cuba, vinda da Alemanha Oriental e inicia suas atividades de inteligência a serviço de Che. Em 1964 está em La Paz com o nome de Laura Gutierrez Bauer, em ação de reconhecimento militar. Por muitos dias Guevara se ilude, e escreve em seu diário que a notícia da eliminação da retaguarda rebelde "é uma lorota colossal". Mas as forças armadas bolivianas já apertam o cerco ao redor dos 17 homens de Che.

Em Vado del Yeso, o Exército seqüestra novas fotos e os falsos passaportes dos rebeldes. Em 22 de setembro de 1967, em

Washington, o ministro das Relações Exteriores boliviano exibe aos delegados da Organização dos Estados Americanos as provas irrefutáveis da presença de Ernesto Guevara e dos cubanos na Bolívia. Naqueles mesmos dias, o presidente Barrientos oferece uma recompensa de 50 mil pesos pela captura do revolucionário argentino, vivo ou morto. A estratégia *cool* de Henderson começa a dar seus primeiros frutos.

O embaixador discute satisfeito sobre isso com Barrientos e o general americano Porter durante um jantar, no final de agosto. Em 25 de setembro, na região de Quebrada del Yuro, seiscentos *rangers* treinados pelo major Shelton iniciam a manobra de cerco da já esgotada divisão de Che. Na tarde de 8 de outubro, Guevara é capturado por uma patrulha comandada pelo capitão Gary Prado. Amarrado pelos pulsos e ferido na panturrilha, é levado ao vilarejo de La Higuera. "Sou Che, e valho mais vivo do que morto", teria confessado aos soldados que não tiraram os olhos dele a noite toda. Essa é uma das versões, das muitas que existem, em torno da prisão e da execução de Che.

Ao amanhecer do dia 9 chegam de helicóptero o coronel Zenteno Anaya e o cubano-americano Félix Rodríguez, de codinome Félix Ramos, um agente da CIA. Tentam interrogar o prisioneiro ("Papai", na linguagem cifrada do Exército boliviano), mas Guevara, desdenhoso, se limita a chamar Rodríguez de *gusano* (verme): este não se abala. Impassível, continua a fotografá-lo e a fazer perguntas. É mais uma versão.

Em um livro de memórias, publicado em 1989 (em reação apressada à divulgação do diário de campanha de Che), Rodríguez escreverá que tentou de todas as maneiras convencer os bolivianos a não matar Che. A idéia dos "gringos" seria a de levá-lo prisioneiro ao Panamá. Os documentos agora publicados criam dificuldades para se acreditar nessa hipótese.

O primeiro a revoltar-se contra a execução de Che é justamente Henderson, que se sente traído pelos seus. Nos dias que se seguem revirará as contradições existentes nas várias versões sobre a morte de Guevara divulgadas pelos bolivianos e pelos jornais. "Excesso de mentiras" é o sentido do relatório confidencial enviado a Washington em 18 de outubro de 1967. E em outro despacho secreto confessa todo o seu constrangimento pelo envolvimento dos agentes da CIA e de outras agências. Protesta de maneira discreta, afirmando que para ele é impossível "identificar as pessoas que, nesta noite, abandonaram a Bolívia a bordo de um avião militar americano". Esse pedaço da história será conhecido algum dia.

Até os soviéticos finalmente podem respirar aliviados: há anos tentam convencer os cubanos de que "não há condições para uma revolução armada em boa parte da América Latina". E, sem meios-termos, é o primeiro-ministro Kosigin em pessoa a repetir isso para Fidel no final de junho de 1967, durante um encontro reservado em Havana: "Não se pode pensar que o envio de uma dezena de homens a um país estrangeiro possa levar a uma revolução imediata." O tema da conversa é justamente o que chamam de aventureirismo "bakuniano" de Che.

O governo dos Estados Unidos não consegue esconder a própria satisfação: a vitória, para eles, foi muito além do previsto. O fracasso da expedição de Guevara e a sua morte são "um duro golpe" para Fidel Castro e "o repentino revés decerto contribuirá para esfriar os ânimos de muitos extremistas latino-americanos".

Eventualmente, escreve o conselheiro especial Walt Rostow ao presidente Johnson, deveríamos nos orgulhar do treinamento oferecido pelos instrutores do major Shelton aos *rangers* bolivianos que capturaram o guerrilheiro argentino, no âmbito da terapia de "medicina preventiva" ministrada pelos Estados Unidos aos vários governos fantoches sul-americanos. Poucos dias após a trágica morte de Ernesto Guevara, no entanto, o Departamento de Estado muda de rota e recomenda a toda sede diplomática norte-americana na América Latina que não se demonstre nenhuma "euforia" pelo ótimo resultado. De fato, não há motivos para tranqüilidade. A morte de Che muito provavelmente terá o efeito de enfatizar "o caráter permanente da luta contra o imperialismo no continente", escrevem os analistas de Washington. Preocupados, os americanos assistem ao nascimento de um mito revolucionário, já comparado a Bolívar, El Cid e Espártaco, cujo rosto leonino invadirá as praças do mundo inteiro durante a contestação juvenil de 1968. Um mito tão perigoso quanto suas idéias. Esses documentos aqui publicados – uma espécie de "diário" ianque sobre Che na Bolívia – se encerram com uma nota macabra.

O Departamento de Estado recebe uma série de relatórios com os resultados da autópsia do cadáver de Guevara e da perícia datiloscópica das mãos amputadas do guerrilheiro, conservadas em formol até chegarem a La Paz, onde são examinadas por peritos argentinos. Trata-se precisamente do revolucionário Ernesto Rafael Guevara de la Serna. Che morreu, as digitais confirmam. Che vive, o mito prova. Onde está Che?

*** Março ***
Traições antes dos combates

[...] Barrientos comunicou-me que, no dia de ontem, as autoridades bolivianas capturaram dois supostos guerrilheiros (Vicente Rocabada Terrazas e Pastor Barrera Quintana) nas cercanias de Ipita (Santa Cruz).[1] Depois de terem sido interrogados em La Paz, nesta manhã, os dois suspeitos admitiram pertencer a um grupo de trinta ou quarenta subversivos, que atuam nas cercanias de Ipita. [...] Rocabada e Barrera confessaram que Che Guevara lidera o bando, especificando, porém, que nunca o encontraram.[2] [...] O presidente pediu a assistência imediata dos Estados Unidos. [...] Limitei-me a prometer que sondaria sobre eventuais ações de nosso governo. A Embaixada avalia com algumas reservas as informações sobre a atividade dos insurgentes [...].

(TELEGRAMA DO EMBAIXADOR HENDERSON AO DEPARTAMENTO DE ESTADO, SECRETO, 16 DE MARÇO DE 1967, 22H45, NATIONAL ARQUIVES AND RECORDS ADMINISTRATION, NARA.[3])

Em 16 de março, o ministro das Finanças do governo boliviano, Romero Loza, transmitiu-me o pedido do presidente Barrientos de um apoio financeiro norte-americano, com o objetivo de agir contra os supostos guerrilheiros na província de Santa Cruz [...]. Respondi que o governo boliviano ainda não produziu provas evidentes sobre a existência de tal ameaça. Além disso, é preciso demonstrar que o exército boliviano não dispõe de recursos suficientes para iniciar uma operação que pareça inserir-se em parâmetros de normalidade. [...].

(TELEGRAMA DO EMBAIXADOR HENDERSON AO DEPARTAMENTO DE ESTADO, SECRETO, 17 DE MARÇO DE 1967, 21H30, NARA)

Por pelo menos duas vezes, o presidente Barrientos me convidou para ir à sua casa no final da tarde de 17 de março, para discutir confidencialmente o assunto guerrilha. [...] O primeiro encontro se mostrou infrutífero. A única novidade consiste no fato de que o presidente estima em apenas 16 os rebeldes em ação. Ele suspeita que alguns oficiais do Exército boliviano associados ao Movimento Nacional Revolucionário (MRN[4])

1 Em 1964, o general René Barrientos Ortuno (1919-1969) tomou o poder na Bolívia com um golpe de Estado. Marcadamente anticomunista, fez dura repressão à revolta dos mineradores (junho de 1967). Dirigiu diretamente as ações políticas e militares contra a guerrilha de Che Guevara.

2 É a primeira menção, em documento oficial, à presença de Che na Bolívia. O embaixador Henderson duvida da informação e se manteria cético nos meses seguintes. No resumo do mês, Guevara tratou o episódio com dureza ao falar dos homens de Moisés Guevara: "Dois desertores, um prisioneiro 'falador', três covardes e dois frouxos." *Diário do Che na Bolívia*, p. 107.

3 A partir de agora, as notas só farão referência às iniciais Nara.

4 Partido originariamente de esquerda moderada. Tem entre os seus fundadores, em 1941, o ex-presidente boliviano (quatro vezes eleito) Victor Paz Estenssoro (1907-2001).

simpatizem com os insurgentes. Mencionou o coronel Libera (que foi colocado sob vigilância em Camiri) e certo Hoxa. Além disso, o presidente está preocupado com a hipótese de que, para conseguir visibilidade, os supostos rebeldes possam recorrer à tática dos seqüestros [...] Uma hora mais tarde, fui novamente convocado por Barrientos (desta vez estava presente o ministro Arguedas).[5] [...] Ele tinha acabado de saber pelo general La Fuente que, na cidade de Camiri (província de Santa Cruz), na manhã de 17 de março, os guerrilheiros haviam matado um soldado boliviano e capturado outro na região do Rio Grande. Até o momento, não há maiores detalhes.[6] Notando que a situação está se tornando séria, o presidente me entregou uma lista de armas, munições e aparatos feita pelo exército boliviano e endereçada ao governo norte-americano.[7] [...] O presidente deu a impressão de não estar muito feliz com o fato de que seu exército se aproveita de qualquer situação de emergência para apresentar ao nosso governo uma lista "para o Papai Noel". [...] A irresponsabilidade demonstrada pelo Exército boliviano poderia gerar conseqüências negativas. Portanto, seria oportuno que Washington comunicasse isto ao embaixador Sanjines e ao general Ovando [...].

(TELEGRAMA DO EMBAIXADOR HENDERSON AO DEPARTAMENTO DE ESTADO, SECRETO, 18 DE MARÇO DE 1967, 16H05, NARA)

Na manhã de 18 de março, o coronel Leon Kolle Cueto, chefe da Aeronáutica boliviana, convocou o responsável pela Aeronáutica militar norte-americana na Bolívia para transmitir-lhe as seguintes informações: destacou a presença de rebeldes na província de Santa Cruz (cidades: Abapo, Monteagudo, Lagunillas, Muyupampa, Huacareta); durante um segundo conflito (ocorrido na manhã de hoje), um guerrilheiro foi morto e outros dois ficaram feridos; o Exército boliviano tomou uma pequena base rebelde próxima a um sítio, seqüestrando ali um automóvel. Kolle pediu autorização para utilizar contra os rebeldes os aviões T-28, que a Aeronáutica boliviana havia se empenhado em nos restituir até 1º de dezembro de 1966. [...] O coronel

5 Antonio Arguedas (1928-2000) foi ministro do Interior (1964-1967). Anticomunista, foi quem mandou clandestinamente para Cuba o diário e as mãos amputadas de Che. Morreu em La Paz, quando uma bomba explodiu nas mãos dele, em situação magistralmente descrita por Jorge Boccanera: "Acidente ou atentado? A explicação oficial funciona como uma curiosa metáfora de uma ideologia flutuante. Arguedas devia mover o detonador à direita, para acionar o medidor de tempo. Equivocou-se e o moveu à esquerda." (*O Clarin*, Buenos Aires, 12.03.2000)

6 "19 de março. [...] Fomos recebidos pelo médico peruano, Negro, que chegou com o Chino e o radiotelegrafista, e me deu a notícia de que [...] dois homens de (Moisés) Guevara haviam desertado [...]." Cf. Ernesto Che Guevara. *Diario do Che na Bolívia*. Editora Record. 2ª ed. 2001 p. 97

7 "20 de março. [...] Às 13h, quando estávamos fazendo uma longa parada, chegou Pacho com uma mensagem de Marcos [...] os guardas haviam se metido no caminho do valegrandino, em número de sessenta, e prenderam um mensageiro nosso ligado a Guevara, Salustio." Idem. p. 97

Satorre também afirmou que, se a situação piorasse, a base de operações da Aeronáutica militar boliviana poderia ser transferida para Santa Cruz [...].
(TELEGRAMA DO EMBAIXADOR HENDERSON AO DEPARTAMENTO DE ESTADO, CONFIDENCIAL, 18 DE MARÇO DE 1967, 16H38, NARA)

Na manhã de 20 de março, nossos representantes do Exército e da Defesa reuniram-se por duas horas com os militares bolivianos. A parte norte-americana esclareceu os seguintes pontos: antes de qualquer consideração, solicitam-se informações fidedignas, análises confiáveis sobre a ameaça, uma avaliação detalhada das capacidades do Exército boliviano e um plano operacional; tendo em vista a atual situação de carência, duvida-se que os bolivianos consigam administrar um acréscimo da atividade militar. [...] Às 17h de 20 de março, o presidente Barrientos telefonou à Embaixada (Eu estava ausente) para afirmar em tom severo que cometíamos um erro ao questionar a autenticidade da ameaça e a necessidade da Bolívia dos auxílios solicitados. Acrescentou que durante a manhã havia visitado a região de Camiri e que tinha encontrado uma situação "bem pior que o previsto". [...] Ora, ele considera que os guerrilheiros sejam muito mais que os 16 estimados na data de 17 de março, especificando que "aconteceram novos conflitos armados". [...] No momento, são cerca de trezentos os soldados que, de Oruro, estão chegando à região [...]. Em tom peremptório, Barrientos terminou a ligação exigindo saber se o governo dos Estados Unidos pretendia ajudá-lo. [...] O funcionário da Embaixada respondeu que estávamos procurando verificar a situação em campo e que, com sua prévia autorização, pretendíamos enviar à região, no dia seguinte, dois de nossos oficiais (que viajariam à paisana para não chamar a atenção). [...] Comentário: não estamos convencidos da autenticidade da suposta ameaça. [...] Os motivos da impaciência de Barrientos não nos parecem totalmente claros. Poderia tratar-se de uma combinação de fatores: as pressões militares para obter o máximo possível de nós (enquanto a situação se mostrar favorável) e uma preocupação genuína pelas conseqüências psicológicas e políticas da guerra de guerrilha (ainda que esta pareça ter dimensões limitadas). Além disso, sua angústia está ligada ao espetáculo de uma resposta inadequada por parte de uma classe militar mal aparelhada e desorganizada. Se depois de três anos de sacrifícios em nome do Programa de Assistência Militar as Forças Armadas bolivianas ainda são incapazes de enfrentar uma suposta emergência como esta, nós não somos capazes de remediar suas deficiências de um dia para o outro [...].

(TELEGRAMA DO EMBAIXADOR HENDERSON AO DEPARTAMENTO DE ESTADO, CONFIDENCIAL, 20 DE MARÇO DE 1967, 22H50, NARA)

[...] O Exército boliviano concorda conosco quanto ao fato de que ainda são insuficientes as informações sobre a suposta atividade da guerrilha. [...].

(TELEGRAMA DA EMBAIXADA NORTE-AMERICANA DE LA PAZ AO DEPARTAMENTO DE ESTADO, CONFIDENCIAL, 21 DE MARÇO DE 1967, 20H30, NARA)

Em 21 de março, em La Paz, a sede local da agência jornalística UPI (United Press International) divulgou um "comunicado oficioso" no qual se afirma que, segundo "fontes confiáveis", existem "guerrilheiros comunistas" nos arredores de Sucre (região de Monteagudo). O boletim acrescenta que, durante um conflito recente, um soldado do Exército boliviano foi morto e três rebeldes foram capturados (dois são de Oruro e o terceiro é cubano). O comunicado supõe que os subversivos (munidos de armas modernas vindas, ao que parece, do Paraguai) recebam instruções via rádio de Cuba. [...].

(TELEGRAMA DO DEPARTAMENTO DE ESTADO À EMBAIXADA NORTE-AMERICANA DE LA PAZ, 22 DE MARÇO DE 1967, NARA)

O embaixador Quijano, responsável pelo gabinete político do Ministério das Relações Exteriores argentino, comunicou à nossa Embaixada os últimos desdobramentos da situação boliviana (as informações chegaram a ele diretamente de La Paz): o Ministério das Relações Exteriores boliviano contatou as Embaixadas do Brasil, Paraguai e Argentina para comunicar

8 Vice-presidente da Bolívia entre 1966 e 1969, Luis Adolfo Siles Salinas (1925-2005) torna-se presidente em abril de 1969 (após a morte de René Barrientos), mas é destituído, em setembro, pelo general Ovando Candia.

que houve um conflito armado com a guerrilha na região de Ipita (um homem foi morto e outros ficaram feridos: entre estes, um argentino); estima-se que os rebeldes sejam cerca de setenta, munidos de armas modernas; [...] de passagem por Buenos Aires, o vice-presidente boliviano Siles Salinas informou ao ministro das Relações Exteriores argentino que os guerrilheiros envolvidos nos confrontos seriam na verdade 130 e que utilizam modernos aparelhos de comunicação;[8] a versão do governo boliviano consiste em negar publicamente a existência dos rebeldes; em resposta às informações divulgadas pelos jornais, a rádio oficial boliviana afirmou que a guerrilha "só existe na imaginação da imprensa"; o governo argentino colocou em alerta a polícia da fronteira entre Argentina e Bolívia, embora considere extremamente difícil conseguir identificar os insurgentes (que estão disseminados numa área muito vasta).
(TELEGRAMA DA EMBAIXADA NORTE-AMERICANA EM BUENOS AIRES AO DEPARTAMENTO DE ESTADO, CONFIDENCIAL, 23 DE MARÇO DE 1967, 00H59, NARA)

Na tarde de 23 de março, na minha ausência, o presidente Barrientos convocou um funcionário nosso à sua casa para falar novamente sobre a questão da guerrilha. A seu ver, a situação está piorando e isso lhe causa grandes preocupações. Agora os rebeldes seriam cerca de 150, todos eles com um número de identificação. Em 23 de março houve um tiroteio, com alguns mortos por parte do Exército. Não há maiores detalhes. Segundo Barrientos, uma unidade do Exército boliviano (composta por 45 homens) teria sido cercada, com risco de ficar sem comunicação. Os guerrilheiros seriam capazes de interceptar as mensagens enviadas pelo comando do Exército de Camiri às unidades ativas na área dos confrontos. Barrientos não conseguiu explicar como isso pode ter acontecido. O Exército boliviano capturou três ou quatro insurgentes (entre eles, um paraguaio e dois bolivianos). [...] Na região, foram recuperados um jipe utilizado pela guerrilha, algumas malas contendo roupas (fabricadas em Havana) e outros objetos. Segundo o presidente, foram deliberadamente abandonadas pelos rebeldes para

atrair as tropas à zona dos confrontos. Barrientos reafirmou ter certeza de que estamos diante de um grande movimento subversivo dirigido por cubanos, por outros estrangeiros e por ex-integrantes do MNR, e está convencido de que pretendem abrir uma passagem a partir da região de Santa Cruz em direção aos distritos de mineração, com o objetivo de ali fomentar desordens. A seu ver, os guerrilheiros se dirigem às áreas de Caracoles, Quime e Inquisivi (ao norte de Oruro), evitando, assim, os centros mineradores de Sucre e Oruro. A região de Caracoles, de fato, fica a certa distância das guarnições do Exército e próxima das *yungas*, os vales que do planalto descem para o leste em direção às planícies, um território capaz de garantir esconderijos e meios de subsistência. Quanto a uma possível ameaça subversiva generalizada, Barrientos está alarmado pelas atividades dos trabalhadores da indústria petrolífera na região de Camiri e por sua hostilidade para com o governo. Além disso, o presidente tinha acabado de saber que no poderoso sindicato dos calçados de Manaco foi descoberto um depósito clandestino de armas. Enfim, em 23 de março, o governo brasileiro informou ao Ministério das Relações Exteriores, que um grupo de guerrilheiros está em atividade nos arredores de Robore, a leste de Santa Cruz. Barrientos também se queixou pelo fato de as unidades do Exército boliviano em atividade serem compostas por recrutas mal equipados. [...] Depois, acrescentou que os recursos financeiros das Forças Armadas são inadequados e que a solicitação de ajuda enviada ao governo norte-americano é urgente. [...] Enquanto isso, ainda estamos à espera de notícias certas sobre as supostas atividades da guerrilha (promovidas pelos cubanos ou por outros).
(TELEGRAMA DO EMBAIXADOR HENDERSON AO DEPARTAMENTO DE ESTADO, CONFIDENCIAL, 24 DE MARÇO DE 1967, 16H30, NARA)

Em 24 de março, em companhia de alguns de seus oficiais, o general boliviano Belmonte comunicou ao adido militar de nossa Embaixada, e aos nossos conselheiros militares, o suposto incidente com a guerrilha, ocorrido no dia anterior, na

região de Camiri. Segundo ele, uma patrulha de cerca de quarenta homens da 4ª Divisão caiu numa emboscada em Nancahuazu (70 quilômetros ao norte de Camiri): sete soldados bolivianos foram mortos, três ficaram feridos e outros seis conseguiram escapar. [...] A autenticidade do relato é notavelmente corrompida pelo fato de que a informação obtida provém dos seis fugitivos, que, após terem escapado, podem ter perdido a percepção do conflito armado.[9] [...] O Exército boliviano enviou trezentos soldados à região de Camiri, na tentativa de isolar e destruir as forças da guerrilha. Além dos cem soldados treinados no âmbito do Programa de Assistência Militar, as forças bolivianas em campo incluem cem homens da 4ª Divisão e mais cem provenientes de Santa Cruz. Falta experiência aos soldados convocados: no momento, o Exército boliviano se compõe de 6.200 novos recrutas e de outros 1.500 com maior experiência [...].
(TELEGRAMA DO EMBAIXADOR HENDERSON AO DEPARTAMENTO DE ESTADO, CONFIDENCIAL, 25 DE MARÇO DE 1967, 13H10, NARA)

Em 25 de março, durante uma ligação que Camiri fez para La Paz, dois de nossos oficiais (enviados ao local em 24 de março) relataram que, em 23 de março, os guerrilheiros armaram uma emboscada contra uma patrulha de 22 soldados do Exército boliviano nos arredores de Nancahuazu (70 quilômetros ao norte de Camiri), matando sete deles e capturando o restante (entre estes, há seis feridos). Os prisioneiros e feridos foram soltos na noite de 24 de março.[10] Os rebeldes seqüestraram três morteiros de 60mm, duas metralhadoras leves calibre 30, munições, fuzis e aparelhos de rádio Angrc 9. Os ex-prisioneiros declararam ter sido bem tratados. Os rebeldes (metade bolivianos, metade estrangeiros) estão bem armados, dispõem de grandes quantias de dinheiro e seriam cerca de trezentos (mas a estimativa parece exagerada). [...] Agora temos informações suficientes para poder confirmar que, de fato, existe atividade de guerrilha na área acima mencionada e que esta poderia ser uma ameaça à segurança do governo boliviano. [...] As Forças Armadas são seriamente limitadas por um treinamento anti-

9 "23 de março. [...] Às oito e pouco chegou Coco correndo para informar que um destacamento do Exército tinha caído na emboscada (...)". Cf. *Diário do Che na Bolívia*, op. it., p. 100-101.

10 "24 de março [...] Mandei Inti falar pela última vez com os prisioneiros e libertá-los, tirando deles tudo o que nos sirva [...] Ao major dissemos que lhe daríamos até o dia 27 às 12h para retirar os corpos e lhe oferecemos uma trégua para toda a região de Lagunillas [...]". Idem, p. 101.

guerrilha inadequado e pela falta de meios de comunicação e veículos. [...] Em virtude de nossos objetivos de segurança interna, estamos convencidos de que o governo dos Estados Unidos deveria fornecer urgentemente um auxílio limitado (evidenciado mais à frente) às Forças Armadas bolivianas diretamente empenhadas na eliminação das atividades subversivas dos rebeldes. [...] Recomendamos o envio imediato dos seguintes equipamentos às forças antiguerrilha: 6 mil rações alimentares (para duzentos homens, para um período de trinta dias); 12 rádios Prc 10; quatro rádios Angrc 9; quatro rádios Sky 515 (VHF); vinte pára-quedas de carga; cem bombas de cem libras; cem bombas de duzentas libras; dez pistolas de sinalização; 150 foguetes de sinalização; 15 painéis fluorescentes de sinalização; trezentas barras inseticidas. Além disso, estamos considerando a possibilidade de entregar temporariamente às unidades empenhadas em campo vinte jipes do Programa de Assistência Militar. Nossos militares já entregaram ao Exército boliviano (retirando-o das reservas) um fornecimento de comprimidos antimaláricos e de estojos de pronto-socorro, para que sejam utilizados durante as operações antiguerrilha.
(TELEGRAMA DO EMBAIXADOR HENDERSON AO DEPARTAMENTO DE ESTADO, SECRETO, 27 DE MARÇO DE 1967, 13H00, NARA)

[...] Na data de 26 de março, o general Belmonte, comandante-em-chefe *ad interim* das Forças Armadas bolivianas, deu as seguintes declarações à imprensa sobre as atividades da guerrilha no sudeste do país: "[...] Na região Lagunillas – Nancahuazu, um pelotão comandado pelo subtenente Ruben Amezaga Faure foi traiçoeiramente atacado por um grupo não identificado, dotado de armas automáticas. Lamentamos a morte do subtenente Amezaga, de 6 militares e de seu guia Octavio Vargas (um civil), que, após ter sido ferido, foi covardemente assassinado. [...] O alarme lançado pelos soldados sobreviventes permitiu que a 4ª Divisão reagisse prontamente. Os rebeldes fugiram. Outros foram feridos ou capturados. Durante a fuga, os insurgentes abandonaram várias mochilas contendo roupas, artigos

11 "27 de março. Hoje explodiu a notícia que tomou conta das rádios e gerou uma montanha de comunicados, inclusive uma entrevista coletiva de Barrientos. O informe oficial tem um morto a mais e revela que teríamos fuzilado os feridos [...]." Cf. *Diário do Che na Bolívia*, cit., p. 103.

12 "28 de março. As rádios continuam cheias de notícias sobre a guerrilha. Estamos rodeados por 2 mil homens num raio de 120 km e o cerco se aperta complementado por bombardeios; tivemos entre dez e 15 baixas [...]." Cf. idem, p. 104. Os números, divulgados pelas rádios, eram um exagero, talvez com o objetivo de intimidar os guerrilheiros.

domésticos, material de propaganda castro-comunista e, principalmente, um gravador de som, um rádio portátil de alta freqüência e um jipe. [...] O bando é composto por inúmeros elementos de várias nacionalidades (cubanos, peruanos, chineses, argentinos, europeus, bolivianos). Também possui modernas armas automáticas e bazucas (armas fora da dotação ao nosso Exército) [...]".[11]

(TELEGRAMA DO EMBAIXADOR HENDERSON AO DEPARTAMENTO DE ESTADO, CONFIDENCIAL, 27 DE MARÇO DE 1967, 19H45, NARA)

Dois oficiais de nosso Exército, que se encontram na região de Camiri desde 24 de março, partem hoje para Cochabamba e retornam a La Paz no dia 30. Em virtude da atividade regular prevista pelo Programa de Assistência Militar, autorizei a missão deles. Nas atuais circunstâncias, os dois não serão substituídos por outros elementos, para evitar qualquer possível e indesejada exposição do pessoal norte-americano em campo.

(TELEGRAMA DO EMBAIXADOR HENDERSON AO DEPARTAMENTO DE ESTADO, SECRETO, 28 DE MARÇO DE 1967, 20H50, NARA)

[...] A imprensa local menciona alguns boatos sobre o possível envolvimento de Che Guevara na guerrilha boliviana. [...]

(TELEGRAMA DO EMBAIXADOR HENDERSON AO DEPARTAMENTO DE ESTADO, CONFIDENCIAL, 28 DE MARÇO DE 1967, 21H00, NARA)

As informações divulgadas até agora pela imprensa boliviana sobre as supostas atividades da guerrilha são fortemente especulativas e pouco precisas [...].[12]

(TELEGRAMA DO EMBAIXADOR HENDERSON AO DEPARTAMENTO DE ESTADO, CONFIDENCIAL, 28 DE MARÇO DE 1967, 21H30, NARA)

Em 27 de março, às 16h, encontrei o presidente em sua residência (eu estava acompanhado por um funcionário da nossa Embaixada). Por cerca de uma hora, Barrientos nos atualizou sobre os últimos relatórios (e os boatos) relacionados às atividades dos rebeldes. [...] Desconfio de que o presidente esteja muito

angustiado pelo triste espetáculo dado pelas Forças Armadas de seu país. Logo depois que os serviços secretos comunicaram uma suposta e impetuosa ofensiva da guerrilha, deu-se um desastre de dimensões controladas. O ocorrido, no entanto, acabou por deixar em pânico o governo boliviano, que reagiu de maneira nervosa e mal coordenada [...].
(TELEGRAMA DO EMBAIXADOR HENDERSON AO DEPARTAMENTO DE ESTADO, CONFIDENCIAL, 28 DE MARÇO DE 1967, 22H45, NARA)

[...] O embaixador Quijano, responsável pelo gabinete político do Ministério das Relações Exteriores argentino, comunicou-nos que os bolivianos pediram à Argentina a entrega de quinhentos fuzis e de trezentas bombas. [...] Assinalamos, também, a presença de rebeldes na Bolívia, a 20 quilômetros da fronteira com a Argentina. [...]. Segundo as informações em meu poder (baseadas em dados não totalmente seguros), há bons motivos para pensar que os guerrilheiros atuantes na Bolívia estejam orientados para o comunismo [...].
(TELEGRAMA DA EMBAIXADA NORTE-AMERICANA DE BUENOS AIRES AO DEPARTAMENTO DE ESTADO, CONFIDENCIAL, 29 DE MARÇO DE 1967, 20H05, NARA)

[...] De volta do teatro dos combates com a guerrilha, nossos observadores militares relataram as seguintes informações: os prisioneiros do Exército boliviano postos em liberdade pelos rebeldes estimam que estes oscilam entre trezentos e 450 indivíduos (a metade composta de não bolivianos). Mas esta estimativa parece fortemente exagerada. Considerando que são necessários cerca de oito ou dez homens bem treinados e equipados para derrotar um guerrilheiro, os observadores julgam que, no momento, não haja nenhuma força governamental na área operativa apta a atacar ou derrotar os rebeldes. As Forças Armadas procuram delimitar uma área de aproximadamente 150 quilômetros quadrados, com o objetivo de armar uma cilada e atingir o inimigo por meio de ataques aéreos de baixa altitude. Mas nossos homens observaram que a região não é apropriada para uma operação desse tipo e julgam necessário acrescentar pelo menos seiscentos soldados aos cerca de 650 já presentes, para estabelecer uma força mínima de contenção. Reputam também

13 O Departamento de Estado referia-se, muito provavelmente, à delação dos ex-guerrilheiros Bolívianos Vicente Rocabada Terrazas e Pastor Barrera Quintana, que se entregaram ao Exército em março.

que o moral das tropas seja baixo e que as disposições dadas pelos oficiais sejam perigosamente inadequadas. O medo se insinua entre os recrutas, dos quais muitos receberam um treinamento militar insuficiente [...].

(TELEGRAMA DO EMBAIXADOR HENDERSON AO DEPARTAMENTO DE ESTADO, SECRETO, 29 DE MARÇO DE 1967, 21H45, NARA)

A atividade da guerrilha limita-se a uma área compreendida entre o sudeste da província de Santa Cruz e a parte oriental da província de Chuquisaca [...].

(TELEGRAMA DO EMBAIXADOR HENDERSON AO DEPARTAMENTO DE ESTADO, CONFIDENCIAL, 31 DE MARÇO DE 1967, 14H08, NARA)

[...] O pessoal militar norte-americano não (repetindo: não) deveria estar presente em nenhuma das áreas operativas [...].

(TELEGRAMA DO DEPARTAMENTO DE ESTADO À EMBAIXADA NORTE-AMERICANA DE LA PAZ, CONFIDENCIAL, 31 DE MARÇO DE 1967, 14H57, NARA)

[...] Desde que a atividade de guerrilha na Bolívia começou (24 de março), constataram-se poucas informações confiáveis, submersas, como estavam, no meio da grande massa das especulações jornalísticas e das declarações confusas e contraditórias do governo boliviano. [...] Em 23 de março, uma patrulha de 22 homens do Exército boliviano caiu numa emboscada nos arredores de Camiri. Os guerrilheiros mataram sete soldados e apanharam o restante (entre esses, seis foram feridos). [...] O governo boliviano avalia que os revoltosos oscilam entre trezentos e quatrocentos indivíduos (nossa estimativa é de que sejam de 35 a cem). A guerrilha é dirigida por elementos castrocomunistas e é bem organizada. Sua descoberta acidental por parte do Exército boliviano pode ter criado problemas para seu cronograma, forçando-a a agir antes do previsto.[13] [...] Em primeiro lugar, o Exército objetiva interromper a fuga dos rebeldes; em seguida, treinar e transportar unidades de *rangers* para eliminá-los nas áreas de confronto. Grupos voluntários de camponeses, fiéis ao governo, estão sendo armados e utilizados com

o objetivo de apoiar o Exército boliviano nas operações militares. [...] O chefe da Aeronáutica boliviana voou até Buenos Aires para solicitar assistência militar. A esse respeito, o Exército argentino expressou o desejo de se organizar coordenadamente com o governo dos Estados Unidos [...].[14]
(CIRCULAR DO DEPARTAMENTO DE ESTADO A TODAS AS SEDES DIPLOMÁTICAS NORTE-AMERICANAS NA AMÉRICA LATINA, CONFIDENCIAL, 31 DE MARÇO DE 1967, 18H20, NARA)

14 "31 de março. [...] O rádio continua com sua falação, sucedendo-se os informes oficiosos de combate. Localizaram nossa posição com absoluta precisão, entre Pincal e o Ñancahuazu, e temo que tentem nos cercar [...]." Cf. *Diário do Che na Bolívia*, cit., p. 106.

15 "Resumo do mês. [...] A situação não está boa, mas para a guerrilha se inicia agora mais uma fase de testes que, uma vez superada, será muito proveitosa para ela." Idem, cit., p. 107.

Com discrição, você deveria informar ao presidente Barrientos que, decididamente, somos relutantes em apoiar de modo significativo um grande Exército, seja fornecendo materiais suplementares, seja com financiamentos. Apoiamos, no entanto, a idéia de entregar quantidades limitadas de equipamentos, essenciais para responder de forma moderada a uma ameaça militar. É necessário utilizar ao máximo as tropas disponíveis, bem treinadas e equipadas. Em caso contrário, se a ameaça por acaso superasse a capacidade das forças atuais, Barrientos pode estar certo de que o governo dos Estados Unidos considerará a hipótese de fornecer assistência adicional[15] [...].
(TELEGRAMA DO DEPARTAMENTO DE ESTADO AO EMBAIXADOR HENDERSON, CONFIDENCIAL, 31 DE MARÇO DE 1967, 18H48, NARA)

[...] O equilíbrio de poder entre o presidente Barrientos e as Forças Armadas tornou-se menos estável. [...] Barrientos poderia se recuperar facilmente, sobretudo se o Exército conseguisse vencer essa situação negativa, derrotando rapidamente a ameaça guerrilheira. [...] Temos de continuar pressionando para que o Exército boliviano se torne mais racional e eficiente. Concomitantemente, no entanto, temos de garantir o delicado equilíbrio de poder entre o presidente e as Forças Armadas. De qualquer forma, não posso excluir definitivamente a possibilidade de que nosso auxílio, a certa altura, possa significar a diferença entre a manutenção do cargo de Barrientos e a subida ao poder de um governo *de facto* puramente militar.
(TELEGRAMA DO EMBAIXADOR HENDERSON AO DEPARTAMENTO DE ESTADO, CONFIDENCIAL, 31 DE MARÇO DE 1967, 21H45, NARA)

Fui autorizado a criar um depósito de suprimentos em Camiri, um quartel-general em Lagunillas e uma base para os patrulhamentos, composta por cem homens, em El Pincal. Os contatos com os rebeldes ocorreram na região de Nancahuazu (a 3 quilômetros de El Pincal, a 27 quilômetros de Lagunillas e a 77 quilômetros de Camiri). Se as áreas operacionais acima mencionadas se transformassem em pontos de embates esporádicos, El Pincal se tornaria inviável. No entanto, se acontecerem hostilidades nessa região, não posso excluir a possibilidade de que a guerrilha se estenda ao sul de Camiri e ao norte de Santa Cruz (ou seja, a 265 quilômetros de Nancahuazu). A autorização conferida ao responsável por nossos observatórios militares foi revogada, em virtude das decisões que os senhores tomaram a respeito do que deve ser entendido por "área operativa".
(TELEGRAMA DO EMBAIXADOR HENDERSON AO DEPARTAMENTO DE ESTADO, CONFIDENCIAL, 31 DE MARÇO DE 1967, 22H25, NARA)

*** Abril ***

"O general Ovando perdeu as estribeiras..."

16 "29 de março. [...] Entre as notícias, uma me preocupa: a que assinala um choque no desfiladeiro de Piraboy [sic], onde teriam morrido dois guerrilheiros [...]". Cf. *Che Guevara, Diario in Bolívia*, cit. p. 87.

A decisão de enviar pessoal norte-americano às áreas operativas deverá levar em conta as seguintes considerações: será colocada em perigo a segurança dos indivíduos designados? Quais poderiam ser as implicações políticas? Em suma, o governo dos Estados Unidos poderia se encontrar numa situação constrangedora, frente à opinião pública, pelo fato de que alguns dos nossos se encontram numa área operativa? Se a missão falhasse, sobre quem recairia a culpa? É possível distinguir entre consultoria para treinamento e consultoria operacional? Esperamos seus comentários sobre as questões acima. Considere, também, que nossos homens nunca foram designados para bases operacionais em países nos quais haja atividade guerrilheira.

(TELEGRAMA DO DEPARTAMENTO DE ESTADO AO EMBAIXADOR HENDERSON, CONFIDENCIAL, 1º DE ABRIL DE 1967, NARA)

Os boatos e os comunicados oficiais do Exército continuam sendo as fontes principais da imprensa para o problema da guerrilha. Estamos propensos, portanto, a não levar em grande consideração os boletins jornalísticos. De fato, o serviço de informação das Forças Armadas bolivianas revelou-se sem fundamento e sempre tende a exagerar os supostos êxitos militares. [...]. Uma patrulha do Exército acaba de voltar de Tiraboi [sic], onde matou dois guerrilheiros (os outros conseguiram fugir) que possuíam metralhadoras leves de fabricação tchecoslovaca.[16] [...] Os rebeldes atacaram uma guarnição militar nos arredores de El Mesón, mas foram repelidos. A 5ª Divisão capturou um chileno, Ernesto Bilde Barrillo, enquanto tentava entrar na Bolívia pelo Brasil. O Exército está em busca de seus companheiros (dois bolivianos e um argentino). A missão de Ernesto Bilde Barrillo e seus companheiros consistia em estudar um plano para a ocupação de Robore (350 quilômetros a leste de Santa Cruz) por parte dos insurgentes.

(TELEGRAMA DO EMBAIXADOR HENDERSON AO DEPARTAMENTO DE ESTADO, CONFIDENCIAL, 1º DE ABRIL DE 1967, 14H45, NARA)

Em 29 de março, o presidente Barrientos convidou-me para o almoço juntamente com outros funcionários de nossa Embaixada. [...] Pela primeira vez em dez dias, pareceu eufórico e confiante, e a conversa transcorreu de maneira relaxada e agradável. [...] Durante a sobremesa, Barrientos convidou o cabo Torricos a contar a famosa história de seu encontro com a guerrilha (a emboscada, a captura e a posterior libertação em Nancahuazu). Durante um patrulhamento antes da cilada (contra o Exército boliviano), Torricos foi testemunha de um encontro de aproximadamente cem rebeldes. Logo após sua libertação (ocorrida no campo-base dos rebeldes), a estimativa do cabo é de que os guerrilheiros eram uns quatrocentos. [...] Aproveitei a oportunidade para dar algumas sugestões ao presidente, já que eu acabava de voltar do encontro com nossos dois observadores, recém-chegados da região de Camiri: as Forças Armadas deveriam iniciar imediatamente o treinamento intensivo de várias unidades do Exército na região dos combates, utilizando os instrutores (norte-americanos) para pôr em prática os ensinamentos teóricos (com efeito, nossos oficiais descobriram que os comandantes de algumas patrulhas entraram em pânico pouco antes do combate com os guerrilheiros, esquecendo totalmente a instrução militar recebida anteriormente); [...] o Exército boliviano deveria iniciar o treinamento do 2º Batalhão de *rangers* de Santa Cruz, que, em apenas três meses, poderia conseguir atacar e aniquilar as forças da guerrilha (também garanti ao presidente que nosso governo solicitaria o envio das forças especiais do grupo de treinamento militar (norte-americano) à área e aceleraria a remessa de equipamentos para essa unidade, nascida no âmbito do Programa de Assistência Militar); [...]no caso de se verificar um contato com a guerrilha, o Exército boliviano deveria se esforçar para manter algum prisioneiro vivo. Isso teria uma enorme importância política em âmbito internacional, tanto para o governo boliviano quanto para os outros países do hemisfério que se opõem à intervenção castro-comunista. [...] Barrientos me garantiu emitir em seguida as ordens a propósito. [...].

(TELEGRAMA DO EMBAIXADOR HENDERSON AO DEPARTAMENTO DE ESTADO, CONFIDENCIAL, 1º DE ABRIL DE 1967, 14H55, NARA)

No fim da tarde de 31 de março, o coronel Cueto, chefe da Força Aérea boliviana, encontrou-se com os responsáveis argentinos dos serviços secretos do Exército, da Marinha e da Aeronáutica. Depois, foi recebido pelo presidente Onganía[17] e pelo brigadeiro Alvarez para discutir a situação da guerrilha na Bolívia. Onganía prometeu enviar a maior quantidade possível de armas, equipamentos e munições. [...] Em seguida, Cueto viajou ao Brasil para um encontro semelhante com o governo de Brasília.[18]
(TELEGRAMA DA EMBAIXADA NORTE-AMERICANA EM BUENOS AIRES AO DEPARTAMENTO DE ESTADO PELA EMBAIXADA NORTE-AMERICANA DE BUENOS AIRES, CONFIDENCIAL, 1º DE ABRIL DE 1967, 15H25, NARA)

Insistimos bastante para que o governo boliviano utilize todos os recursos disponíveis antes de se dirigir aos Estados Unidos para solicitar auxílios adicionais [...]. Além disso, opusemo-nos firmemente às tentativas deste de tirar proveito das circunstâncias para obter de nós bens de primeira necessidade não diretamente relacionados à situação atual. [...] Nessas circunstâncias, se eu me visse obrigado a solicitar dos bolivianos uma retribuição de natureza comercial pela assistência fornecida, minhas relações com eles (já tensas e desgastadas até quase o limite de ruptura, por minha resistência a seus pedidos iniciais) terminariam deteriorando-se ainda mais[...].
(TELEGRAMA DO EMBAIXADOR HENDERSON AO DEPARTAMENTO DE ESTADO, CONFIDENCIAL, 1º DE ABRIL DE 1967, 15H50, NARA)

[...] O general Ovando transmitiu aos generais Johnson e Porter a solicitação de um helicóptero de 12 assentos com piloto hispano-americano. [...] Aproveitei a oportunidade para informar a Ovando que, como já ocorre em todo o continente, não é permitido ao pessoal norte-americano na Bolívia entrar nas áreas operacionais. [...].
(TELEGRAMA DO EMBAIXADOR HENDERSON AO DEPARTAMENTO DE ESTADO, CONFIDENCIAL, 1º DE ABRIL DE 1967, 16H30, NARA)

17 Em junho de 1966, o general argentino Juan Carlos Onganía (1914-1996) depôs o presidente Arturo Illia (1900-1983). Em 1970, forçado a se demitir face à situação social do país, que culminou na revolta operária de Córdoba (o cordobazo, maio de 1969), foi substituído pelo general Roberto Levingston.

18 Nesse dia, a ditadura militar brasileira completava três anos. Estava no poder (1967-1969) o general Artur da Costa e Silva (1902-1969), que, por motivos de saúde, foi substituído por uma Junta Militar formada pelos ministros do Exército, da Marinha e da Aeronáutica.

A coletiva de imprensa do presidente Barrientos foi quase inteiramente dedicada à situação da guerrilha. Enquanto a extensão real do problema ainda é desconhecida, Barrientos se esforçou em tranqüilizar a opinião pública boliviana. [...] O país enfrenta "uma invasão de aventureiros" liderada por comunistas (sobretudo cubanos). Em 1966, os insurgentes estrangeiros chegaram à Bolívia vindos do Brasil, da Argentina e do Peru. O objetivo da visita do coronel Cueto (responsável pela Aeronáutica) aos países limítrofes objetiva coordenar com mais eficácia a fiscalização nas fronteiras. Barrientos negou que Che Guevara se encontra (ou já tenha se encontrado) na Bolívia. Mas acreditamos que, afirmando o contrário, o presidente acabaria por fazer o jogo da guerrilha [...].[19]

(TELEGRAMA DO EMBAIXADOR HENDERSON AO DEPARTAMENTO DE ESTADO, CONFIDENCIAL, 1º DE ABRIL DE 1967, 16H40, NARA)

19 O Exército evitava publicamente falar de Che. Referia-se, de modo vago, a deslocamentos de "cubanos e estrangeiros" (cf. Gary Prado Salmón, *La guerrilla inmolada*, Santa Cruz, Bolívia, 1987, p. 95). Orientação, provavelmente, da CIA para esconder a presença do guerrilheiro na Bolívia. (cf. A. Saint George, *How the US got Che*, Mensal True, abril de 1969, p. 92).

Concordamos com o fato de que é necessário utilizar da máxima cautela ao comunicar aos governos (latino-americanos) qualquer tipo de informação sobre os auxílios norte-americanos (à Bolívia) [...].

(TELEGRAMA DA EMBAIXADA NORTE-AMERICANA EM BUENOS AIRES AO DEPARTAMENTO DE ESTADO, CONFIDENCIAL, 3 DE ABRIL DE 1967, 16H33, NARA)

Nossa Embaixada aprecia os esclarecimentos sobre a definição de "área operativa". [...] Baseando-nos em informações confiáveis, considera-se mínima a ameaça à segurança pessoal dos norte-americanos designados para a área compreendida entre Lagunillas e Camiri. O perigo, no entanto, não pode ser completamente excluído. Faltam, de fato, informações seguras sobre o número, a localização e os planos dos rebeldes. Os Estados Unidos sempre foram associados aos esforços militares bolivianos. [...] Por conseguinte, a opinião pública acabaria criticando os Estados Unidos caso os esforços antiguerrilha viessem a falhar. Além disso, os políticos bolivianos (ocultamente influenciados pelo Exército) poderiam ser menos sensíveis que outros países latino-americanos ao tema da presença de nossos conse-

20 "4 de abril. (...) Às 14h30 chegamos a um ponto em que se viam pegadas de guardas e até uma bóia de pára-quedista, além de restos de comida norte-americana, rações individuais (...)" Cf. *Diário do Che na Bolívia*, cit. p. 114-115.

lheiros. Dar a impressão de uma cooperação reduzida poderia surtir um efeito negativo: nosso governo seria acusado de abandonar a Bolívia num momento de grave crise. [...] A meu ver, o treinamento militar deve ser elementar e ensinar as técnicas antiguerrilha. [...] O problema é entender quando, se e onde concretizá-lo. De qualquer maneira, não fomos envolvidos em atividades internas ou externas às áreas operativas. [...] Os observadores recomendam que nossos instrutores militares dirijam um treinamento de base *in loco*. [...] Avalio essa sugestão como a única opção possível para os Estados Unidos [...]. Mas, frente a uma ameaça ainda não definida, não posso dar por certa sua integridade. De acordo com as indicações do Departamento de Estado, [...] El Pincal, Lagunillas e Camiri devem ser consideradas áreas operacionais e, por conseguinte, fora da alçada de nosso pessoal. [...] Camiri é geralmente considerada uma posição de retaguarda, bastante afastada da área tida como perigosa e onde nossos instrutores geralmente não residem. No entanto, contra minha vontade, incluí-a na área proscrita aos nossos, a partir do momento que os jornalistas falam do local como um "ponto avançado de atividades militares". Ao contrário, excluí Santa Cruz da área operacional, já que se encontra bem além da área na qual se desdobra uma atividade de guerrilha importante. Além disso, nossos conselheiros militares já se familiarizaram com a região (muitos residem ali permanentemente). [...] Não há dúvida de que a retirada dos instrutores norte-americanos de Camiri limita nossa capacidade de supervisionar a distribuição das provisões. No momento, Santa Cruz é o único ponto avançado que nos permite controlar com eficácia o apoio logístico (norte-americano). A retirada (de Camiri) impede, ainda, a avaliação da coleta primária das informações. Portanto, somos obrigados a confiar totalmente nos relatórios do Exército boliviano, que sempre se revelaram definitivamente nada confiáveis [...].[20]

(TELEGRAMA DO EMBAIXADOR HENDERSON AO DEPARTAMENTO DE ESTADO, CONFIDENCIAL, 5 DE ABRIL DE 1967, 13H20, NARA)

[...] O Exército boliviano recebeu a informação de que nossos conselheiros militares chegarão a Santa Cruz ainda nessa

semana, para dar início ao treinamento do 2º Batalhão de *rangers* [...].
(TELEGRAMA DO EMBAIXADOR HENDERSON AO DEPARTAMENTO DE ESTADO, CONFIDENCIAL, 5 DE ABRIL DE 1967, 20H20, NARA)

[...] Na data de 27 de março, o general Castilho comunicou a um funcionário do nosso consulado que, no momento, não está acontecendo nenhuma atividade subversiva no estado brasileiro do Mato Grosso. [...] A confirmação chegou em 29 de março, vinda do comando geral da 2ª Brigada Mista de Corumbá, segundo o qual não há indícios de tráfico de armas na fronteira do Brasil com a Bolívia. [...].
(TELEGRAMA DO CONSULADO NORTE-AMERICANO DE SÃO PAULO AO DEPARTAMENTO DE ESTADO, BRASIL, 5 DE ABRIL DE 1967, 20H30, NARA)

[...] A Bolívia pretende apoiar a iniciativa venezuelana para uma convocação extraordinária da Organização dos Estados Americanos (OEA) sobre o tema da subversão cubana, levantando, ao mesmo tempo, a questão da guerrilha. O problema do governo de La Paz consiste no fato de que, até o momento, nenhum rebelde estrangeiro foi capturado ou identificado, embora não faltem indícios do fato de existirem componentes não bolivianos no grupo dos insurgentes.
(TELEGRAMA DO EMBAIXADOR HENDERSON À DELEGAÇÃO NORTE-AMERICANA JUNTO À ONU, CONFIDENCIAL, 5 ABRIL 1967, 20H35, NARA)

[...] Reconhecemos que as limitações adotadas podem obstaculizar uma cuidadosa coleta de informações. [...] Se você considera necessárias breves visitas à 4ª Divisão de retaguarda localizada em Camiri, podemos pensar numa autorização a cada vez.[...] Além disso, o governo boliviano deveria entender que o envolvimento direto dos Estados Unidos nas operações militares (ou um papel direto nos treinamentos) teria para nós conseqüências nacionais e internacionais. [...]
(TELEGRAMA DO DEPARTAMENTO DE ESTADO AO EMBAIXADOR HENDERSON, CONFIDENCIAL, 7 DE ABRIL DE 1967, NARA)

[...] Os órgãos de imprensa voltaram a divulgar boatos e suposições não confirmadas, disseminadas em boa parte pelas próprias Forças Armadas bolivianas. Em 5 de abril, um comunicado do Exército afirmou que, após um breve confronto sem baixas para as tropas do governo, algumas patrulhas da 4ª Divisão penetraram no desfiladeiro de Nancahuazu, obrigando os guerrilheiros a se esconder na floresta. O Exército controlaria os acessos à região. Citando fontes militares, os boletins jornalísticos afirmam que os rebeldes foram dispersos, que foram vistos em outro lugar, que os reservistas [das Forças Armadas bolivianas] tornaram a ser chamados e, enfim, que os cadáveres decompostos dos soldados mortos em 23 de março foram cremados, e suas cinzas, levadas a Camiri [...]. Nesta tarde, alguns oficiais bolivianos comunicaram a nosso adido militar que, durante a entrada no desfiladeiro de Nancahuazu (região de Yuqui), deu-se um breve tiroteio (com os guerrilheiros), mas não propriamente um confronto armado.[21]

(TELEGRAMA DO EMBAIXADOR HENDERSON AO DEPARTAMENTO DE ESTADO, CONFIDENCIAL, 7 DE ABRIL DE 1967, 13H15, NARA)

21 Che não registra confronto naqueles dias: "5 de abril [...] Pretendia descer pela madrugada rio abaixo, mas viram alguns soldados banhando-se a uns 300 metros da nossa posição.[...] 6 de abril. Dia de muita tensão. [...] Às 8h, Rolando nos informou que uma dezena de soldados estava diante do leito do rio que acabávamos de abandonar. Afastamo-nos lentamente e às 11 já estávamos fora de perigo [...]." Cf. *Diário do Che na Bolívia*, cit., p. 115-116.

Pedimos ao Departamento de Estado e ao da Defesa que dois observadores militares norte-americanos sejam autorizados a ir com urgência à região de Camiri para verificar a situação em andamento. [...] A falta de informações tem sido quase absoluta, se excetuarmos os jornais e os comunicados das Forças Armadas bolivianas (mas tais fontes sempre se revelaram inadequadas). No entanto, elas indicam que os guerrilheiros abandonaram a região de Nancahuazu [...].[22]

(TELEGRAMA DO EMBAIXADOR HENDERSON AO DEPARTAMENTO DE ESTADO, CONFIDENCIAL, 9 DE ABRIL DE 1967, 16H11, NARA)

22 Em 7 de abril, a 4ª Divisão ocupa o acampamento principal da guerrilha e desmobiliza o hospital de campo, apreende remédios e objetos pessoais dos rebeldes.

[...] Por duas vezes, nossa Embaixada atualizou (sobre a situação boliviana) o vice-secretário para Assuntos Interamericanos do Ministério das Relações Exteriores brasileiro, utilizando relatórios bolivianos e do Departamento de Estado. O diplomata não pareceu preocupado. De modo informal, comunicamos a ele

que, de bom grado, poderíamos nos coordenar com seu governo em relação ao tema do fornecimento de armas à Bolívia, sempre e quando o país andino o considerar útil. De fato, não desejamos interferir de forma alguma na liberdade de ação de La Paz. Desde 30 de março, nosso adido militar mantém contatos regulares com o Exército brasileiro. [...] As Forças Armadas acompanham atentamente a situação: fecharam as fronteiras (com a Bolívia) e colocaram as unidades em alerta vermelho [...]. Quando os guerrilheiros apareceram no Estado de Minas Gerais,[23] Brasília acreditou de pronto que os insurgentes fossem cubanos ou de outras nacionalidades [...].
(TELEGRAMA DA EMBAIXADA NORTE-AMERICANA DO RIO DE JANEIRO ENVIADO AO DEPARTAMENTO DE ESTADO, CONFIDENCIAL, 11 DE ABRIL DE 1967, 22H15, NARA)

O Estado-Maior do Exército boliviano anunciou que, em 10 de abril, em Iripiti (ao norte de Nancahuazu), aconteceu um tiroteio com as forças da guerrilha. Foram mortos nove soldados (entre eles dois oficiais e um suboficial). Os rebeldes eliminados seriam quatro [...].[24]
(TELEGRAMA DO EMBAIXADOR HENDERSON AO DEPARTAMENTO DE ESTADO, CONFIDENCIAL, 12 DE ABRIL DE 1967, 13H04, NARA)

Eis o texto do artigo escrito por Murray Sayle e publicado tanto pelo *New York Times* quanto pelo *Washington Post*: "Douglas Henderson, embaixador norte-americano em La Paz, informou ontem ao presidente Lyndon B. Johnson que um grupo de guerrilheiros comunistas começou a atuar na selva boliviana.[25] Cinco instrutores dos *rangers* norte-americanos chegaram hoje à Bolívia, provenientes do comando militar latino-americano do Panamá. Henderson atuou em seguida à descoberta de um acampamento fortificado dos rebeldes, localizado nos arredores de Nancahuazu (125 milhas ao sudeste de Sucre). Os *rangers* norte-americanos têm a tarefa de abrir uma escola de treinamento antiguerrilha, destinada ao Exército boliviano. Nossos militares afirmam que serão necessários ao

23 Referência à "Guerrilha do Caparaó" (1966-1967), no Parque Nacional do Caparaó, onde fica o Pico da Bandeira, na divisa de Minas Gerais com o Espírito Santo. Considerado o primeiro movimento de resistência armada à ditadura brasileira, tinha apoio do ex-governador Leonel Brizola, e alguns dos integrantes teriam sido treinados em Cuba.

24 Os guerrilheiros de Che preparam duas emboscadas para uma facção do Exército, fazendo 13 prisioneiros (10 de abril), além dos mortos. É a operação militar mais audaciosa em 11 meses de guerrilha.

25 Lyndon B. Johnson (1916-1973) tornou-se presidente dos Estados Unidos após o assassinato de John F. Kennedy (novembro de 1963). Eleito em 1964, permanece na presidência até 1969.

menos seis meses para formar um batalhão instruído em combates na mata [...]".[26]

(TELEGRAMA DO DEPARTAMENTO DE ESTADO À EMBAIXADA NORTE-AMERICANA DE LA PAZ, 12 DE ABRIL DE 1967, 16H35, NARA)

26 "13 de abril. [...] Os norte-americanos anunciam que o envio de assessores para a Bolívia faz parte de um velho plano e nada tem a ver com a guerrilha. Quem sabe estamos assistindo ao primeiro episódio de um novo Vietnã." Cf. *Diário do Che na Bolívia*, cit., p. 121.

O presidente Barrientos convocou-me à sua casa na noite de 10 de abril (assim como nosso adido militar e um funcionário da Embaixada), para me informar sobre o tiroteio ocorrido em Iripiti. [...] O alto comando do Exército boliviano (sobretudo o chefe do Estado-Maior, general Ovando, e o general Suárez Guzmán) parece ter convencido Barrientos de que a ameaça da guerrilha constitui uma emergência nacional com prováveis desdobramentos em todo o país. O Exército tende a raciocinar em termos de confronto de massa mais do que naqueles das modernas técnicas contraguerrilha. Doze anos de governo do MNR e dois anos de junta militar transformaram as Forças Armadas numa estrutura medíocre: privilegiam, de fato, os interesses pessoais e as vantagens políticas em detrimento da competência bélica. Falta, também, confiança em si mesmas e nas tropas. [...] Tenho a impressão de que os generais lançaram o seguinte ultimato ao presidente: "Consiga a ajuda de que precisamos ou assuma a responsabilidade da derrota." [...] Consideramos que as ameaças são três: a guerrilha; as carências das Forças Armadas bolivianas no treinamento antiguerrilha (juntamente à escassa familiaridade do Estado-Maior com a natureza da guerra de guerrilha); e a persistente indiferença dos militares em relação à população. A nosso ver, é preciso concentrar esforços e recursos para a criação de uma pequena força profissionalmente qualificada, capaz de enfrentar diretamente a ameaça primária que os rebeldes representam. As técnicas da contraguerrilha poderiam aniquilá-los. De fato, há provas de que um pequeno grupo constituído por não mais que cem soldados (bolivianos), atualmente em fase de preparação e situado predominantemente nas retaguardas logísticas, é capaz de derrotar uma força militar superior e de se retirar prontamente para depois tornar a atacar. O treinamento do Exército, no entanto, irá requerer um trabalho suplementar destinado aos

militares atualmente em campo. Será necessário ainda criar e treinar um 2º Batalhão de *rangers* para derrotar os rebeldes a longo prazo, provavelmente de maneira definitiva. A maioria das tropas bolivianas é composta de soldados convocados sem preparo para o combate. Há algumas semanas, nossos observadores militares chegaram a notar jovens oficiais (treinados no Panamá) que descuidavam das mais elementares normas de segurança nos locais dos campos-base e no patrulhamento das áreas nas quais penetravam pela primeira vez. Sem um estudo preliminar baseado em manuais de treinamento e em instruções de combate simulado, o Exército boliviano recuará rapidamente às técnicas de guerra convencional, continuando a sofrer reveses nas mãos de algumas unidades guerrilheiras, pequenas e bem treinadas [...].
(TELEGRAMA DO EMBAIXADOR HENDERSON AO DEPARTAMENTO DE ESTADO, SECRETO, 14 DE ABRIL DE 1967, 13H15, NARA)

Hoje, durante o almoço, o embaixador argentino comunicou-me que, na semana passada, o general Ovando lhe perguntou a posição das Forças Aéreas de Buenos Aires na província de Salta, a fim de que os aviões argentinos bombardeiem a área controlada pelos rebeldes (na Bolívia). O embaixador concorda com o fato de que o Estado-Maior do Exército boliviano está perdendo o controle em relação à ameaça guerrilheira. Como um bom cavaleiro, acrescentou que "o general Ovando perdeu as estribeiras muito antes de saltar o obstáculo".
(TELEGRAMA PELO EMBAIXADOR HENDERSON AO DEPARTAMENTO DE ESTADO, CONFIDENCIAL, 14 DE ABRIL DE 1967, 21H30, NARA)

As notícias de um segundo confronto armado entre o Exército boliviano e um bando de guerrilheiros, que ocorreu em 10 de abril em Iripiti, só apareceram na imprensa em 12 de abril. Com relação às vítimas, esse ataque se revelou mais desastroso do que o primeiro. Foram mortos três oficiais e oito soldados convocados. Os feridos são sete. Os números foram dados pelo Exército, que também revelou que os rebeldes mortos foram quatro (um ficou ferido). Ao contrário do primeiro, parece que este confronto foi bastante violento. A notícia (divulgada pelo Exército) da captura de alguns guerrilheiros foi desmentida sigilosamente por alguns oficiais bolivianos. Estão presos apenas alguns suspeitos. O Exército admite, no entanto, que os insurgentes cuidaram dos ferimentos dos soldados capturados, para depois libertá-los[27] (como já havia acontecido durante o primeiro confronto). Admitidos na área das operações quando parecia que os rebeldes ainda estavam por lá, os jornalistas conseguiram relatar detalhadamente a nova ação (mesmo com notícias de segunda mão): estavam inspecionando o acampamento abandonado pelos guerrilheiros quando se ouviram alguns disparos. Inúmeros soldados, de volta ao campo, informaram que sua patrulha, sob o comando do tenente Luis Saavedra, tinha caído numa emboscada. O major Rubén Sanchez, no comando dos soldados junto ao acampamento, partiu, então, numa perseguição aos rebeldes, mas foi apanhado após mais um tiroteio (no qual o tenente Jorge Ayala Chavez foi morto). Em seguida, os guerrilheiros libertaram os prisioneiros, após terem lhes ordenado que tirassem os sapatos. Sanchez e outros poucos soldados retornaram ao campo, desarmados. Parece que os rebeldes seriam os mesmos do primeiro embate armado (entre eles estaria, também, *El Médico*, que cuidou dos feridos da primeira emboscada). Um guerrilheiro boliviano, "Coco" Peredo, entregou a Sanchez a aliança de casamento do tenente Amezaga (morto durante o primeiro conflito), para que a devolvesse à viúva. O correspondente do jornal *El Diario* relatou que no acampamento abandonado foi encontrado o diário de um rebelde, "Braulio", que teria deixado Cuba em 25 de outubro de 1966 para chegar à Bolívia (em 25 de novembro de 1966) com um passaporte panamenho, mil dólares para despesas gerais e 25 mil dólares para "Ramón".[28] [...] Então, em 26 de novembro, dirigiu-se aos montes Incahuasi, na província de Santa Cruz. Chegando ali à meia-noite de 8 de dezembro de 1966, alojou-se numa fazenda de 1.200 hectares, que os guerrilheiros haviam comprado para ficar distantes do Exército regular (esse é o resumo do diário assim como foi publicado, embora muitas partes estivessem ilegíveis). [...] As infor-

27 Em 27 de março, o governo da Bolívia divulgou nota oficial na qual afirmava que os guerrilheiros teriam fuzilado os soldados feridos em tiroteio. Che faz referência a isso no *Diário*, nessa mesma data.

28 É um dos codinomes de Che (o outro é "Fernando").

mações divulgadas pelo Exército boliviano e pelos órgãos de imprensa continuam a ser de precisão duvidosa. Agora que a ameaça guerrilheira tem cerca de três semanas de vida, porém, os jornais estão ficando mais atentos e informados sobre o tema. A partir do momento que o Exército boliviano se retirou de Iripiti, é impossível verificarmos se as perdas dos insurgentes correspondem às divulgadas. Apesar da publicidade dada à ação armada e ao funeral dos mortos em Cochabamba e em La Paz, perdura o ceticismo popular sobre as dimensões da ameaça guerrilheira.
(RELATÓRIO DO EMBAIXADOR HENDERSON AO DEPARTAMENTO DE ESTADO, CONFIDENCIAL, 15 DE ABRIL DE 1967, NARA)

[...] Peço autorização para enviar, por três dias, dois oficiais e um militar de nosso Exército a Camiri para verificar a distribuição e a utilização dos suprimentos do Programa de Assistência Militar; observar o uso e a manutenção dos aparelhos de rádio; monitorar a organização e os procedimentos do pessoal da retaguarda, além das operações logísticas e os suprimentos [...].
(TELEGRAMA DO EMBAIXADOR HENDERSON AO DEPARTAMENTO DE ESTADO, CONFIDENCIAL, 18 DE ABRIL DE 1967, 14H40, NARA)

[...] Confirmei ao embaixador argentino a veracidade das notícias que a imprensa divulgou: os Estados Unidos estão treinando e equipando um batalhão (boliviano) de *rangers* em Santa Cruz, no âmbito do Programa de Assistência Militar. A duração prevista é de um ano, mas o treinamento poderia ser acelerado devido à ameaça que a guerrilha representa. [...].
(TELEGRAMA DO EMBAIXADOR HENDERSON AO DEPARTAMENTO DE ESTADO, CONFIDENCIAL, 18 DE ABRIL DE 1967, 20H30, NARA)

Os chilenos estão muito sensíveis com o preparo militar dos países vizinhos. Por conseguinte, os boatos sobre a magnitude do rearmamento boliviano (realizado com o nosso suporte) tendem a deixá-los nervosos [...].
(TELEGRAMA DA EMBAIXADA NORTE-AMERICANA DE SANTIADO DO CHILE AO DEPARTAMENTO DE ESTADO, CONFIDENCIAL, 19 DE ABRIL DE 1967, 22H15, NARA)

A publicidade construída, em Cuba, em torno da figura de Ernesto Che Guevara é um provável expediente de propaganda voltado a tornar dramático o recente apelo de Fidel Castro à luta armada na América Latina. Guevara, um ex-representante das altas fileiras do regime e divulgador ilustre das táticas da luta armada, desapareceu em março de 1965 em meio a boatos de divergências com Castro. Não há nenhuma prova de que Che ainda esteja vivo. Em 16 de abril, com a publicação de uma carta de 5 mil palavras atribuída a Guevara,[29] os cubanos fortaleceram a tese de que ele estaria liderando, secretamente, um grupo guerrilheiro num país estrangeiro.
(NOTICIÁRIO CIA, SECRETO, 20 DE ABRIL DE 1967, NARA)

O Departamento de Estado constata que a Argentina abasteceu a Bolívia com certa quantidade de gel, componente-chave do napalm, e com cem cápsulas para bombas desse tipo. Se os artefatos fossem utilizados e o fato se tornasse de conhecimento público entre os integrantes das reuniões da coordenação (latino-americana) de La Paz, chegaria-se à inevitável conclusão de que o governo dos Estados Unidos consentiu em fornecer o napalm aos bolivianos. A questão nos preocupa[30] [...].
(CIRCULAR DO DEPARTAMENTO DE ESTADO A TODAS AS SEDES DIPLOMÁTICAS NORTE-AMERICANAS NA AMÉRICA LATINA, CONFIDENCIAL, 20 DE ABRIL DE 1967, 16H35, NARA)

A Bolívia está desenvolvendo duas estratégias contraditórias quanto à resposta a ser dada à ameaça da guerrilha: uma aponta para o crescimento do Exército, reunindo ali um grande número de convocados; a outra, para treinar e enviar ao campo pequenas unidades bem preparadas para o enfrentamento das dificuldades mais imediatas. Nosso governo prefere a segunda opção, porque atende de modo mais racional às necessidades atuais [...]. Morris, então, reafirmou a posição norte-americana sobre a questão do napalm (frisando os perigos que poderiam aparecer no âmbito das relações internacionais) e pediu ao embaixador que transmitisse tais preocupações ao governo boliviano.
(MEMORANDO DE CONVERSA ENTRE JULIO SANJINÉS GOITÍA, EMBAIXADOR BOLIVIANO EM WASHINGTON, E PATRICK F. MORRIS, RESPONSÁVEL PELO DEPARTAMENTO

29 Trata-se da "Mensagem à Conferência Tricontinental" (ou seja, a "V Conferência de Solidariedade aos Povos da África, Ásia e América Latina"), realizada em Havana, em 1966. Nessa data, não se sabia do paradeiro de Che. Por proposta do chileno Salvador Allende, então deputado, foi aprovada a criação da Organização Latino-Americana de Solidariedade (OLAS), que se reuniu em 1967, também em Havana.

30 Bomba incendiária. Napalm é uma substância inventada na Universidade de Harvard em 1942. A fórmula faz com que ela arda e grude nos objetos e nas pessoas. Foi utilizada pelos EUA no Vietnã, com grande repercussão negativa. Isso explica a preocupação de Henderson. Há suspeitas, no entanto, de que também tenha sido fornecida à Bolívia pelos norte-americanos. Che faz menção ao napalm contra a guerrilha: "28 de março [...] o cerco se aperta, complementado por bombardeios com napalm; tivemos entre dez e 15 baixas". Cf. *Diário do Che na Bolívia*, cit. p. 104.

DE ESTADO QUANTO AOS ASSUNTOS BOLIVIANOS E CHILENOS, CONFIDENCIAL, 20 DE ABRIL DE 1967, NARA)

Por meio dos canais militares regulares, comunicamos ao governo boliviano os aspectos negativos do possível uso das bombas de napalm. Não temos provas de que o governo já as tenha utilizado nas ações de contraguerrilha, ou que tenha a intenção de fazê-lo. Por iniciativa própria, há dois anos, nossa Embaixada pediu oficialmente a eliminação de todas as reservas norte-americanas de napalm e se dissociou claramente da compra ou do seu uso por parte da Bolívia. Temos informação de que, há cerca de um ano, o governo de La Paz teria comprado napalm da Argentina e que recentemente teria adquirido novos estoques [...].
(TELEGRAMA ENVIADO DO EMBAIXADOR HENDERSON AO DEPARTAMENTO DE ESTADO, CONFIDENCIAL, 21 DE ABRIL DE 1967, 21H30, NARA)

[...] Essa gente (o governo e o Exército bolivianos) está diante de um problema aterrador, ao passo que nós temos dificuldades até para entender como enfrentá-lo. Que dirá, então, quando for para solucioná-lo! É preciso que sejamos pragmáticos, ajudando-os a valorizar aquilo que já possuem, guiando-os para alcançar objetivos concretos e obrigá-los a não desperdiçar os recursos (tanto americanos como bolivianos) quando a finalidade não parece muito clara [...].
(TELEGRAMA DO EMBAIXADOR HENDERSON AO DEPARTAMENTO DE ESTADO, CONFIDENCIAL, 22 DE ABRIL DE 1967, 13H15, NARA)

Durante uma conversa informal, o presidente Barrientos me comunicou, recentemente, que os guerrilheiros que caíssem nas mãos do Exército boliviano poderiam ser eliminados. [...] Ressaltei ao presidente que a criação de mártires teria sérios efeitos negativos em âmbito nacional, sem falar do repúdio internacional que afetaria seu governo por se utilizar de procedimentos ilegais. Tudo isso poderia ser evitado instituindo-se uma corte marcial e realizando-se julgamentos regulares. Também frisei

31 Régis Debray (1940) viveu em Cuba entre 1964 e 1965. Em 1967, sai em Havana seu livro *Revolução na revolução?* Em março daquele ano, encontra Che na Bolívia. No *Diário*, é tratado como Debré, Frances e Danton. Preso em 20 de abril, foi condenado a trinta anos de reclusão. Anistiado em 1970. Ainda está aberta a questão da suposta "colaboração" que teria oferecido ao Exército boliviano.

32 Nicanor Costa Mendez (1922-1992) foi ministro das Relações Exteriores argentino de 1966 a 1968 e, novamente, entre 1981 e 1982.

que seria importante obter informações dos guerrilheiros capturados. Mas tenho a impressão de que meus argumentos não sensibilizaram Barrientos [...]. Parece que o governo capturou, de fato, alguns cidadãos bolivianos e estrangeiros (entre eles, talvez, também o francês Jules Régis Debray, que, segundo informações não confirmadas, ainda estaria vivo) [...].[31]
(TELEGRAMA DO EMBAIXADOR HENDERSON AO DEPARTAMENTO DE ESTADO, SECRETO, 22 DE ABRIL DE 1967, 16H10, NARA)

[...] Segundo Costa Mendez,[32] os rebeldes na Bolívia não têm o apoio da população local, enquanto a situação nas minas parece tranqüila. Eu o atualizei sobre os recentes conflitos armados que ocorreram em Masicuri e Muyupampa. O ministro argentino não sabe do assassinato do francês Debray. Enquanto nossos relatórios indicam que as forças da guerrilha oscilam entre quarenta e sessenta indivíduos (divididos em pequenos grupos), as informações em seu poder estimam ser duzentos os rebeldes em ação. [...] Também o governo argentino está preocupado com o possível uso de napalm por parte da Bolívia [...].
(TELEGRAMA DA EMBAIXADA NORTE-AMERICANA DE BUENOS AIRES AO DEPARTAMENTO DE ESTADO, CONFIDENCIAL, 22 DE ABRIL DE 1967, 18H00, NARA)

Durante uma conversa informal com o embaixador boliviano em Washington, o responsável no Departamento de Estado para a América Latina levantou a questão do tratamento aos guerrilheiros capturados pelo Exército boliviano. [...] O embaixador concorda com o fato de que as execuções ilegais dos insurgentes não favorecem o governo boliviano. No entanto, inúmeros rebeldes teriam sido mortos a tiros durante o conflito armado de Muyupampa. Segundo informações em seu poder, não foram feitos prisioneiros. Nossas opiniões a respeito, comunicadas a diversos escalões, já estão bem claras para o governo boliviano. Por conseguinte, acreditamos ser inoportuno ainda insistir.
(TELEGRAMA DO DEPARTAMENTO DE ESTADO À EMBAIXADA NORTE-AMERICANA DE LA PAZ, SECRETO, 24 DE ABRIL DE 1967, 18H14, NARA)

Segundo um comunicado expedido ao meio-dia pelo Exército boliviano, em 23 de abril[33] (às 21h) deu-se um conflito armado com a guerrilha, entre Muyupampa e Monteagudo. Teria havido quatro mortos e numerosos feridos entre os insurgentes (estes se encontram agora nas mãos do Exército). Os rebeldes teriam sido repelidos em direção a Ticucha (25 quilômetros a nordeste de Monteagudo). Tratar-se-ia da mesma "facção" encontrada em 20 de abril nos arredores de Muyupampa. Nosso adido militar está convencido de que se trata da mesma ação ocorrida em 22 de abril[34] em Taperillas, ao nordeste de Monteagudo (e sobre a qual tomou conhecimento de modo sigiloso). Não há outras informações a respeito. Além disso, a Aeronáutica boliviana ainda tem de esclarecer os detalhes da ação de 20 de abril: por exemplo, a identidade e a localização atual dos estrangeiros que teriam sido apanhados. Enquanto isso, a imprensa foi intimada a não divulgar notícias provenientes de Camiri e das áreas das operações.
(TELEGRAMA DO EMBAIXADOR HENDERSON AO DEPARTAMENTO DE ESTADO, CONFIDENCIAL, 25 DE ABRIL DE 1967, 13H30, NARA)

33 O *Diário de Che* é impreciso quanto a informações sobre combates: "Dia 23 de abril [...] Foi declarado dia de descanso e tudo transcorreu sem novidades [...] há censura à imprensa e já anunciaram outro combate, que teria deixado de três a cinco prisioneiros." Cf. *Diário do Che na Bolívia*, cit. p. 128.

34 Che registra, nesse dia, uma ação contra uma caminhonete da YPFB (Yacimientos Petrolíferos Fiscales Bolívianos). "Dia 22 de abril: [...] O balanço da ação é negativo: de um lado, indisciplina e imprudência; de outro, a perda (embora espero que seja transitória) de um homem; além da mercadoria que pagamos e não levamos; e, por último, a perda de um pacote de dólares que caiu da bolsa de Pombo; esses são os resultados da ação." Idem, p. 126.

O coronel Luis Urbulu (Exército peruano) e o coronel Guillermo Castro (Aeronáutica peruana) compareceram ao último (e, até agora, único) encontro dos adidos militares presentes em La Paz, reunião na qual foram discutidos os auxílios militares à Bolívia. [...] Também estavam presentes os delegados norte-americanos, brasileiros e paraguaios.
(TELEGRAMA DO EMBAIXADOR HENDERSON AO DEPARTAMENTO DE ESTADO, CONFIDENCIAL, 25 DE ABRIL DE 1967, 18H20, NARA)

Embora o Governo admita que tenha havido conflitos armados entre o Exército boliviano e uma parte da guerrilha entre 20 e 23 de abril passado, as informações que chegam daquela região continuam sendo vagas, contraditórias e incompletas. [...] Em 19 de abril, a imprensa assinalou um grupo rebelde em movimento entre Iripiti-Nancahuazu e Yacunday-Muyupampa. No dia seguinte, um grupo de cerca de quarenta insurgentes entrou na cidade de Ayango (8 quilômetros a sudeste de Muyapampa). Segurando uma bandeira branca, os notáveis da cidade (o prefeito, o padre e o médico) conversaram com os guerrilheiros por volta de três horas. Estes afirmaram que combatem por uma "revolução" que provocaria "uma mudança total na situação atual" e pediram comida e remédios. Preocupados com a integridade do vilarejo, os notáveis teriam acertado com os rebeldes um local para a entrega dos suprimentos à tarde. Mas, compreensivelmente, o Exército se recusou a cumprir o acordo e bombardeou o local no horário estabelecido. Na mesma noite, o presidente Barrientos e o general Ovando informaram-me que havia confrontos em andamento nos arredores de Masicuri (60 quilômetros a sudoeste de Vallegrande e a cerca de 90 quilômetros de Muyapampa). Sem entrar em detalhes, também confirmaram a morte de Jules Régis Debray (o intelectual marxista francês, amigo de Fidel Castro) e a captura de quatro insurgentes (um argentino, um inglês e dois bolivianos). Não foram divulgados os detalhes da ação de Masicuri. À nossa pergunta, o Estado-Maior do Exército declarou não ter recebido relatórios daquela região desde 17 de abril, dia no qual um grupo armado (não identificado) tentou, inutilmente, saquear um comboio de suprimentos. A ação nos arredores de Muyapampa e as circunstâncias da prisão (ou da morte) dos guerrilheiros ainda não estão claras. Na falta de informações certas sobre o suposto conflito armado, podemos, logicamente, supor que a ação em questão, na realidade, corresponda ao bombardeio do local de reabastecimento (dos guerrilheiros) e à posterior inspeção feita por algumas unidades do Exército. Uma versão sobre como Debray teria sido capturado (juntamente com quatro outros homens), afirma que o francês foi detido (vivo e desarmado) enquanto tentava entrar num centro urbano para adquirir alimentos e remédios; outra relata que teria sido cercado após um conflito armado; enfim, segundo uma terceira versão, Debray teria sido detido enquanto se demorava no final de um destacamento guerrilheiro. Agora, parece que as forças rebeldes recuaram para noroeste. [...] Muitos observadores acreditam que os guerrilheiros se dividiram. Alguns chegam a sugerir que uma

parte dos insurgentes teria se entocado na região de Iripiti, perto da área na qual ocorreu a emboscada de 10 de abril. Outros pensam que os relatórios vagos, provenientes de Masicuri, indicam a movimentação rumo ao norte de outro destacamento guerrilheiro. [...] Embora seja muito cedo para reconsiderar a ameaça, há alguns sinais de esperança. Os rebeldes parecem se deslocar sem ter um refúgio ou uma localização preestabelecida para se retirar, enquanto parece alentadora sua aparente necessidade de comida e remédios. [...] Além de Debray, dizem que os outros prisioneiros seriam Carlos Alberto Fructuoso,[35] que declara ser um jornalista argentino, e o fotógrafo inglês George Andrew Roth. Ao contrário das notícias publicadas pelos jornais, alguns oficiais do Exército boliviano confirmaram a morte de Debray[36] a nosso adido militar. Mas, se ainda estivesse vivo, seu futuro poderia se revelar nada promissor, especialmente pela notável determinação das Forças Armadas a não fazer prisioneiros entre os guerrilheiros.
(RELATÓRIO DO EMBAIXADOR HENDERSON AO DEPARTAMENTO DE ESTADO, CONFIDENCIAL, 26 DE ABRIL DE 1967, NARA)

Em 26 de abril, o presidente Barrientos assinalou-me novos conflitos entre o Exército e a guerrilha, ocorridos em 25 de abril na região ao norte de Muyupampa. Também acrescentou que entre os rebeldes mortos havia "cubanos", embora não houvesse certeza sobre suas identidades. Entre os mortos estavam dois bolivianos (um soldado e um *carabinero*). Embora vários guerrilheiros estivessem cercados, conseguiram escapar por culpa das carências táticas do Exército boliviano. O presidente ainda afirmou que Debray estava vivo e sendo submetido a uma série de interrogatórios. [...] O confronto ocorreu nos arredores de Mesón (ao norte de Monteagudo). [...] Um dos dois insurgentes mortos foi identificado como *El Rubio*, um cubano. [...] Aproveitei a oportunidade para destacar a urgência de se desenvolver rapidamente um sistema básico para a coleta de informações [...].[37]
(TELEGRAMA DO EMBAIXADOR HENDERSON AO DEPARTAMENTO DE ESTADO, CONFIDENCIAL, 27 DE ABRIL DE 1967, 12H40, NARA)

35 Codinome de Ciro Bustos, também chamado de "Pelao", "Carlos" e "Mauricio".

36 Debray tinha sido preso no dia 20, juntamente com o argentino Ciro Bustos e o fotógrafo inglês George Andrew Roth.

37 "25 de abril. [...] Dia negro [...] Resolvemos fazer uma emboscada [...[Atirei no primeiro cão, errando o alvo, e quando ia atirar no guia, o M2 travou [...] Mandei que Urbano ordenasse a retirada, mas ele veio com a notícia de que Rolando estava ferido [...] esvaiu-se em sangue [...] Perdemos o melhor homem da guerrilha e, naturalmente, um de seus pilares [...[Cf. *Diário do Che na Bolívia*, cit., p. 128-129.

[...] Nos últimos sete dias, a guerrilha (ou parte dela) se deslocou por cerca de 45 quilômetros em direção à região de Monteagudo e de Muyupampa, numa aparente busca por alimentos e remédios. Após ter encontrado certa resistência, os rebeldes parecem ter se retirado para o norte, em direção à região Nancahuazu-Iripiti [...].[38]

(TELEGRAMA DA EMBAIXADA NORTE-AMERICANA AO DEPARTAMENTO DE ESTADO PELA EMBAIXADA NORTE-AMERICANA, CONFIDENCIAL, 28 DE ABRIL DE 1967, 13H15, NARA)

38 "30 de abril: resumo do mês [...] O isolamento continua sendo total [...] a base camponesa continua sem crescer, embora com o terror planejado, conseguiremos a neutralidade da maioria, o apoio virá depois. Não houve uma só adesão [...] os norte-americanos vão intervir em grande estilo [...] Cf. *Diário do Che na Bolívia*, cit., p. 132.

[...] Quando a ameaça (da guerrilha) apareceu, reagimos prontamente com auxílios de emergência: foram enviados equipamentos e deu-se início ao projeto de treinamento dos *rangers*, especificando que tínhamos certa dificuldade em satisfazer todas as solicitações de ajuda [por parte da Bolívia] num contexto que ainda não nos parecia totalmente claro. Agora que a bola se encontra em campo boliviano, é preciso enfrentar a incapacidade que surgiu durante a crise desencadeada pelos rebeldes, isto é: comandos militares e equipamentos insuficientes, jovens no serviço militar pouco treinados e convocações deixadas para a última hora [...].

(TELEGRAMA DO DEPARTAMENTO DE ESTADO À EMBAIXADA NORTE-AMERICANA DE LA PAZ, CONFIDENCIAL, 28 DE ABRIL DE 1967, 18H34, NARA)

[...] O maior obstáculo para um acordo com os bolivianos se deve à insistência do presidente em receber armas automáticas modernas. Barrientos não compreende que a questão da maior segurança interna deve ser enfrentada de maneira mais equilibrada [...].

(TELEGRAMA DO EMBAIXADOR HENDERSON AO DEPARTAMENTO DE ESTADO, CONFIDENCIAL, 29 DE ABRIL DE 1967, 17H45, NARA)

*** Maio ***

Os guerrilheiros são marcados para morrer

Ontem à noite, o embaixador chileno Hidokro comunicou-me que, segundo algumas informações, Che Guevara visitou o Vietnã para estudar as táticas de guerrilha dos Vietcongues. [...].
(TELEGRAMA DA EMBAIXADA NORTE-AMERICANA DE GENEBRA AO DEPARTAMENTO DE ESTADO, SECRETO, 4 DE MAIO DE 1967, 11H50, NARA)

Necessitamos de provas complementares antes de concluir que Che Guevara ainda está ativo (e não morto), como nossos serviços de inteligência tendem cada vez mais a pensar.
(RELATÓRIO DE WALTER ROSTOW AO PRESIDENTE LYNDON JOHNSON, WASHINGTON, SECRETO, 11 DE MAIO DE 1967, LBJ LIBRARY).[39]

[...] O ministro das Relações Exteriores (boliviano) afirma que, no âmbito do Direito Internacional, os rebeldes estrangeiros capturados não podem ser considerados "prisioneiros de guerra", já que "não existe um estado de beligerância entre a Bolívia e um país estrangeiro". [...] Essas declarações provocam a seguinte desagradável impressão: já que as leis internacionais não podem ser aplicadas, os guerrilheiros não bolivianos aprisionados não gozarão do tratamento humanitário garantido pelo Direito Internacional. Em vez disso, receberão um tratamento menos civilizado do que o reservado aos "criminosos comuns". Em síntese, ainda que a Convenção de Genebra sobre os prisioneiros de guerra fosse aplicada, os rebeldes capturados acabariam tendo menos direitos do que os normalmente garantidos pela lei boliviana [...].
(TELEGRAMA DO DEPARTAMENTO DE ESTADO À EMBAIXADA NORTE-AMERICANA DE LA PAZ, CONFIDENCIAL, 12 DE MAIO DE 1967, 19H01, NARA)

Em 15 de maio, o Exército boliviano emitiu o seguinte comunicado: do ponto de vista das diretivas, da composição e das finanças, os rebeldes na Bolívia podem ser classificados como "estrangeiros"; obedecem às ordens de Havana e seguem as decisões da Conferência Tricontinental;[40] os bolivianos que integram a guerrilha são recompensados em moeda estrangeira;[41] não aconteceu nenhuma ação na região, com exceção

39 Walt Rostow (1916-2003), conselheiro especial para a Segurança Nacional dos Estados Unidos entre 1966 e 1969.

40 A mensagem à Tricontinental de Che é um grito de guerra: "O ódio como fator de luta, o ódio intransigente ao inimigo, o ódio que impulsiona mais além das limitações naturais do ser humano e o converte em uma efetiva, violenta, seletiva e fria máquina de matar." No mesmo texto, ele lança uma famosa palavra de ordem: "a criação do segundo e terceiro Vietnã do mundo".

41 Ao falar em pagamento, o governo tentava, sem sucesso, transformar a imagem dos guerrilheiros em homens que atuavam como mercenários: por dinheiro e não por ideologia.

do ataque aéreo desferido contra a formação de insurgentes avistada na região de Piquirihuazu.[42]
(TELEGRAMA ENVIADO AO DEPARTAMENTO DE ESTADO PELO EMBAIXADOR HENDERSON, LA PAZ, 16 DE MAIO DE 1967, 18H10, NARA)

[...] A não ser que as forças da guerrilha se desintegrem por causa das difíceis condições do terreno e por falta de apoios logísticos (uma possibilidade que não se pode descartar), não vemos uma solução a curto prazo (isto é, dentro dos próximos quatro meses) com razoáveis possibilidades de sucesso. Os problemas surgem, inclusive, a partir das expectativas do Estado-Maior do Exército boliviano que, sem qualquer justificativa, tende à euforia e a propor soluções "mágicas" em vez de se empenhar e cuidar da necessária reforma das Forças Amadas [...].
(TELEGRAMA DO EMBAIXADOR HENDERSON AO DEPARTAMENTO DE ESTADO LA PAZ, SECRETO, 24 DE MAIO DE 1967, 14H30, NARA)

O correspondente da CBS News, Ike Pappas, encontra-se na Bolívia junto com uma *équipe* televisiva para gravar uma reportagem de seis minutos sobre a situação da guerrilha, que será transmitida durante o noticiário de Walter Cronkite. Pappas já combinou uma entrevista com Barrientos e, esta semana, foi convidado a acompanhar o presidente durante uma visita de dois dias a região dos choques [...].
(TELEGRAMA DO EMBAIXADOR HENDERSON AO DEPARTAMENTO DE ESTADO, 24 MAIO DE 1967, 21H50, NARA)

Os passaportes bolivianos trazem a seguinte anotação: "Não é válido para Cuba ou para os países socialistas." O veto, no entanto, pode ser facilmente contornado por meio de uma documentação especial obtida em outros países. É um procedimento freqüentemente utilizado por estudantes e políticos.
(TELEGRAMA DO EMBAIXADOR HENDERSON AO DEPARTAMENTO DE ESTADO, 29 DE MAIO DE 1967, 21H51, NARA)

Prosseguimos na troca regular de informações com os argentinos. Parece-nos que o adido militar de Buenos Aires não visitou

42 "8 de maio. [...] Já começava a noite e os nossos avançaram, capturando seis soldados; o resto se retirou. Resultado final do ataque: três mortos e dez prisioneiros, dois deles feridos; 9 de maio. Levantamo-nos às 4 da manhã (eu não dormi) e liberamos todos os soldados [...]Tiramos seus sapatos e trocamos suas roupas, mas os mentirosos foram despachados só de cuecas. [...] Cf. *Diário do Che na Bolívia*, p. 138-139.

mais a região dos conflitos desde os primeiros dias da insurreição e que (por parte boliviana) não chegaram pedidos adicionais de auxílios argentinos. [...] Nossa Embaixada continua a desestimular fortemente a utilização do napalm [...].
(TELEGRAMA DO EMBAIXADOR HENDERSON AO DEPARTAMENTO DE ESTADO, CONFIDENCIAL, 30 DE MAIO DE 1967, 14H25, NARA)

*** Junho ***

Os "campesinos" não aderem à luta

43 "30 de maio. [...] fui despertado com um tiroteiro vindo da emboscada [...[o Exército havia avançado e caiu na armadilha; três mortos e um ferido [...] 31 de maio. O jipe continuava aos trancos, refrigerado a urina e um ou outro cantil de água [...]. Resumo do mês: falta total de adesão de recrutas camponeses; a guerrilha vai adquirindo um moral prepotente e seguro que, bem administrado, é uma garantia de êxito" [...]. Idem, p 148-149.

O Exército boliviano anunciou a morte de um tenente (que ocorreu em 30 de maio na região de Nancahuazu) durante um confronto armado com um grupo de guerrilheiros (entre estes, os mortos são três). As tropas bolivianas seguem os rastros dos rebeldes na tentativa de impedir-lhes a fuga. O comando militar de Camiri relata que, na data de 23 de maio, foi avistado um grupo de cerca de cinqüenta guerrilheiros na região de Carahuatarenda (60 quilômetros a nordeste de Lagunillas). Em 30 de maio, o Exército lutou com uns 15 rebeldes nos arredores de El Espino (a nordeste de Carahuatarenda: é provável que fizessem parte de um bando mais numeroso). Estimativas não oficiais indicam que um oficial e um soldado raso foram mortos (pertenciam à 24ª Companhia de *rangers*, treinada no âmbito do Programa de Assistência Militar). Não há confirmação de que haja mortos ou feridos entre os guerrilheiros.[43]
(TELEGRAMA DO EMBAIXADOR HENDERSON AO DEPARTAMENTO DE ESTADO, LA PAZ, CONFIDENCIAL, 1º DE JUNHO DE 1967, 21H25, NARA)

[...] O vice-presidente boliviano Siles afirmou que o crescimento econômico de seu país foi colocado em sério perigo pela presença de um pequeno, mas formidável, grupo de guerrilheiros filocastristas. [...] Após ter atualizado o secretário de Estado sobre a localização e a força dos insurgentes, Siles afirmou que estes não representam uma ameaça imediata militar para o governo, mas que, no futuro, poderiam se transformar num grave problema. [...] Segundo o vice-presidente, é preciso criar uma pequena força-tarefa (composta por uns sessenta militares bem preparados e fortemente motivados) para se juntar ao batalhão de *rangers* atualmente treinado pelos norte-americanos em Santa Cruz, com o objetivo de perseguir e aniquilar os rebeldes. [...] O secretário de Estado comentou que a experiência norte-americana no Vietnã, Laos e Grécia confirma a importância crucial de um eficiente sistema para a coleta de informações, notando que isso é indispensável em relação à população residente nas áreas controladas pela guerrilha. Siles respondeu que, até o momento, os *campesinos* bolivianos não mostraram qualquer inclinação em apoiar os subversivos [...].

(MEMORANDO DA CONVERSA ENTRE LUIS ADOLFO SILES SALINAS, VICE-PRESIDENTE DA BOLÍVIA, E DEAN RUSK, SECRETÁRIO DE ESTADO, WASHINGTON, SECRETO, 7 DE JUNHO DE 1967, NARA)

[...] O presidente Barrientos proclamou estado de sítio devido à intenção dos mineradores de marchar sobre Oruro. Parece que o governo (que desde março temia precisar combater ao mesmo tempo a guerrilha e as desordens fomentadas pelos mineradores) escolheu o estado de emergência na tentativa de impedir a explosão de uma segunda frente antigovernista. [...]. Ontem, o encontro dos mineradores de Catavi–Siglo XX contou com a presença de 1.500 a duas mil pessoas: pediam a retirada da polícia da região mineradora e apoiavam o envio de remédios e alimentos às forças da guerrilha [...].[44]
(TELEGRAMA DO EMBAIXADOR HENDERSON AO DEPARTAMENTO DE ESTADO, CONFIDENCIAL, 8 DE JUNHO DE 1967, 19H45, NARA)

Apesar da proclamação do estado de sítio, o presidente Barrientos e o ministro Arguedas se mostraram tranqüilos durante a conversa que tiveram, em 8 de junho, com alguns funcionários de nossa Embaixada. O presidente está convencido de que a demonstração de força nas regiões mineradoras conseguirá dissuadir a maior parte dos trabalhadores de seguir os exemplos de um pequeno grupo de subversivos [...].[45]
(TELEGRAMA DO EMBAIXADOR HENDERSON AO DEPARTAMENTO DE ESTADO, CONFIDENCIAL, 12 DE JUNHO DE 1967, 21H45, NARA)

Fomos informados pelo adido militar da Embaixada argentina que o Exército boliviano pediu a Buenos Aires para adquirir bombas de napalm e uma centena de bombas de fragmentação. [...] Se a situação se precipitasse, os bolivianos poderiam se sentir tentados a usar tais armas. Acredito que não possa existir uma ação mais calculada para unificar uma esquerda ainda dividida e fazer cair o governo atual. Acreditam poder dissuadir o governo argentino de vender napalm aos bolivianos? [...].
(TELEGRAMA DO EMBAIXADOR HENDERSON AO DEPARTAMENTO DE ESTADO, CONFIDENCIAL, 12 DE JUNHO DE 1967, 22H15, NARA)

44 "8 de junho. [...] Surgem notícias do estado de sítio e da ameaça mineira, mas nada é confirmado." Cf. *Diário de Guevara na Bolívia*, cit., p. 154.

45 "12 de junho. [...] Outro informe anuncia três mortos, entre eles, Inti, um dos chefes guerrilheiros, e a composição estrangeira da guerrilha: 17 cubanos, 14 brasileiros, quatro argentinos, três peruanos. Os dados relativos aos cubanos e aos peruanos correspondem à verdade; seria preciso saber como conseguiram a notícia. 13 de junho. [...] O interessante é a convulsão política do país [...] Poucas vezes viu-se tão claramente a possibilidade de catalisação da guerrilha." Idem, p. 155.

Um oficial argentino nos comunicou que Molina Pizarro, o representante pessoal do presidente boliviano, encontrou-se com o governo argentino para atualizá-lo sobre a situação da guerrilha. [...] Em termos secretíssimos, Molina Pizarro informou aos argentinos sobre a insatisfação boliviana com relação à unidade norte-americana de treinamento para a contraguerrilha (que teria se revelado puramente teórica). Na prática, o pessoal americano não teve qualquer experiência bélica no Vietnã e grande parte das lições dadas não pode ser aplicada à Bolívia [...].
(TELEGRAMA DA EMBAIXADA NORTE-AMERICANA DE BUENOS AIRES AO DEPARTAMENTO DE ESTADO, SECRETO, 15 DE JUNHO 1967, 20H15, NARA)

Semana passada, o presidente Barrientos, o general La Fuente (comandante do Exército) e o coronel Zenteno (comandante da 8ª Divisão) comunicaram a vários funcionários do governo boliviano que estavam muito satisfeitos pelo trabalho desenvolvido pela unidade norte-americana de treinamento para a contraguerrilha (o coronel Zenteno está no comando da região na qual vem sendo treinado o 2º Batalhão boliviano de *rangers*). Cerca de 60% dos conselheiros militares norte-americanos lutaram no Vietnã, ao passo que os outros foram treinados nas táticas da contraguerrilha na República Dominicana e no Congo. [...] Os materiais solicitados pelos bolivianos não podem ser considerados excessivos (com exceção das bombas de napalm). Expliquei ao adido militar argentino a posição de nosso governo em relação ao uso dessas bombas. O responsável por nossos instrutores na Bolívia conhece o tenente-coronel Molina Pizarro há cerca de dois anos e tem fortes dúvidas sobre sua integridade e suas capacidades profissionais. Não está claro se as afirmações de Molina Pizarro (em Buenos Aires) teriam sido uma manobra do governo boliviano. Parece, no entanto, que as mentiras relativas aos nossos conselheiros foram forjadas para tentar atrair a simpatia do único país limítrofe (a Argentina) que já havia fornecido à Bolívia as bombas de napalm.
(TELEGRAMA DO EMBAIXADOR HENDERSON AO DEPARTAMENTO DE ESTADO, SECRETO, 22 DE JUNHO DE 1967, 12H15, NARA)

Após a ocupação militar das regiões mineiras de Catavi-Siglo XX e Huanuni, a situação permanece tensa. [...] Tendemos a não considerar seriamente a hipótese de uma conspiração planejada, que o presidente e seu governo aventaram. Ao mesmo tempo, a intervenção armada poderia provocar graves reações em outros setores da sociedade, sobretudo entre os estudantes e os operários. [...] A questão-chave, que poderia ser útil para avaliar a atual força política do presidente, consiste em entender se Barrientos foi impelido pelo Exército ou se decidiu agir de modo autônomo. Informado da intenção do governo de reprimir duramente eventuais manifestações estudantis, telefonei ao presidente para sugerir que tentasse esfriar a situação anunciando sua disponibilidade em abrir um diálogo com as várias lideranças. Barrientos aprovou imediatamente o conselho e concordou quanto à necessidade de tratar do problema estudantil com moderação [...].
(TELEGRAMA DO EMBAIXADOR HENDERSON AO DEPARTAMENTO DE ESTADO, CONFIDENCIAL, 26 DE JUNHO DE 1967, 22H30, NARA)

Considerada a persistente preocupação dos países limítrofes em relação à crise boliviana, é necessário preparar um relatório sobre a situação política atual, e que ilustre as eventuais ligações entre a revolta nas minas e as atividades da guerrilha. [...] A crise poderia assustar consideravelmente os comandos militares dos países vizinhos [...].[46]
(TELEGRAMA DO DEPARTAMENTO DE ESTADO À EMBAIXADA NORTE-AMERICANA DE LA PAZ, CONFIDENCIAL, 27 DE JUNHO DE 1967, NARA)

[...] Um confronto armado ocorreu em 26 de junho, às 16h45, 5 quilômetros a nordeste de Florida. Os rebeldes eram cerca de sessenta. O confronto aconteceu enquanto dez guerrilheiros tornavam a se juntar com uma formação rebelde de cinqüenta indivíduos na região de Morocos. Eram perseguidos pela companhia Castillo (4ª Divisão) e se dirigiam de Abapo à região Florida-Pirey. Homens da 8ª e da 4ª Divisão estão convergindo para a área, na esperança de "cercar os insurgentes". Por causa

46 "[...[Os guerrilheiros estão em clara vantagem em relação às frágeis forças de segurança Bolívianas [...]." Cf. o relatório enviado ao presidente Lyndon B. Johnson por Walt Rostow em 23 de junho de 1967, secreto, Nsf, country file Bolívia, vol. 4, envelope 8, LBJ Library.

47 "24 de junho. [...] O rádio traz notícias sobre luta nas minas." Cf. *Diário do Che na Bolívia*, cit., p. 161.

48 Em junho, uma seção na mina de Catavi decidiu doar à guerrilha um dia de salário e um lote de medicamentos. No dia 24, o Exército atacou os acampamentos dos mineiros, que dormiam após uma pacífica festa na noite de S. João. Foram mortas 87 pessoas, entre mulheres e crianças. O episódio ficou conhecido como "Massacre de São João". Idem, p. 161.

da situação nas minas, não está previsto o envio de reforços militares adicionais à região.[47]
(TELEGRAMA DO EMBAIXADOR HENDERSON AO DEPARTAMENTO DE ESTADO, CONFIDENCIAL, 28 DE JUNHO DE 1967, 19H35, NARA)

A intervenção do Exército boliviano nas regiões de mineração constitui um sério teste para a administração Barrientos. Dá-se logo depois de um banho de sangue[48] e poderia provocar repercussões nos ambientes políticos, universitários e sindicais. [...] A situação parece fluida e os possíveis desdobramentos não podem ser facilmente previstos. Se a crise das minas não for resolvida logo, no entanto, as agitações sindicais e estudantis poderiam resultar no aumento da violência nos centros urbanos. [...] Creio que as Forças Armadas não tenham a intenção de tomar o poder: os problemas são vários e de difícil solução. [...] O Exército poderia temporizar, na tentativa de tranqüilizar os diversos setores da sociedade. [...].
(TELEGRAMA DO EMBAIXADOR HENDERSON AO DEPARTAMENTO DE ESTADO, CONFIDENCIAL, 28 DE JUNHO DE 1967, 19H50, NARA)

Nenhuma das três personalidades com as quais discutimos, ultimamente, a situação boliviana vislumbra uma alternativa clara ou plausível ao governo do presidente Barrientos [...].
(TELEGRAMA DO EMBAIXADOR HENDERSON AO DEPARTAMENTO DE ESTADO, CONFIDENCIAL, 28 DE JUNHO DE 1967, 19H55, NARA)

Consta-nos que, em resposta às atividades da guerrilha, o governo boliviano tencione seriamente declarar guerra a Cuba. [...] É improvável que essa ação consiga reunificar uma nação dividida. A credibilidade da Bolívia seria prejudicada ainda mais. Além disso, a declaração de guerra poderia conter armadilhas para nosso governo. A Bolívia procuraria utilizar o *status* bélico para conseguir de nós um cheque em branco. Seu governo sairia disso fortalecido, encontrando, ao mesmo tempo, uma "solução milagrosa" para o problema da guerrilha [...].
(TELEGRAMA DO EMBAIXADOR HENDERSON AO DEPARTAMENTO DE ESTADO, CONFIDENCIAL, 29 DE JUNHO DE 1967, 16H05, NARA)

Estamos de acordo. A declaração de guerra a Cuba é altamente desaconselhável. É oportuno que o governo boliviano acompanhe o raciocínio a seguir. Em relação a Cuba, a OEA sempre procurou prevenir as agressões e colocar fim à exportação da subversão. Uma eventual declaração de guerra dos bolivianos seria incompatível com as ações limitadas que a OEA empreendeu no passado com relação a Cuba, indicando que Castro atingiu seus objetivos (sem contar que o governo boliviano acabaria sendo tachado de louco). Ademais, novos elementos psicológicos se desenvolveriam em nosso hemisfério, incrementando o perigo de mal-entendidos no que tange aos objetivos da OEA. Além disso, outros países comunistas poderiam se envolver para apoiar Cuba (sem tentar dissuadir o regime castrista) [...].
(TELEGRAMA DO DEPARTAMENTO DE ESTADO À EMBAIXADA NORTE-AMERICANA DE LA PAZ, CONFIDENCIAL, 29 DE JUNHO DE 1967, 20H54, NARA)

Em 29 de junho, um funcionário nosso discutiu com o subsecretário das Relações Exteriores boliviano, Montenegro, o tema do "estado de guerra" (com Cuba). A idéia foi sugerida pelos funcionários não pertencentes ao Ministério das Relações Exteriores (talvez por Galindo) durante a reunião de 28 de junho. Montenegro afirmou que seu Ministério era, e continua sendo, contrário à proposta. [...] Considerou-se, no entanto, a possibilidade de declarar o "estado de emergência interna". Além de evitar inúteis complicações internacionais, isso colocaria o governo boliviano em condições de resolver a posição legal ambígua dos simpatizantes e dos ativistas da guerrilha (tanto bolivianos quanto estrangeiros) [...].
(TELEGRAMA DO EMBAIXADOR HENDERSON AO DEPARTAMENTO DE ESTADO, CONFIDENCIAL, 30 DE JUNHO DE 1967, 16H40, NARA)

Durante uma entrevista concedida aos correspondentes da Associated Press (AP) e da BBC, o general Ovando, chefe do Estado-Maior do Exército boliviano, afirmou, de modo categórico, que Che Guevara se encontra no país, no comando das operações de guerrilha na região sul-oriental. [...] Questionado sobre as provas em seu poder, o general respondeu que estas eram constituídas pelos testemunhos de Régis Debray[49] (e de outros sujeitos não identificados). Então, Ovando mostrou os esboços a lápis dos supostos expoentes da guerrilha, ilustrações que ele atribuiu a "fontes da inteligência".[50] Um dos elementos retratados se parece com Guevara. Os rebeldes seriam 150 (entre eles, inúmeros cubanos, peruanos, venezuelanos e asiáticos; especificamente, veteranos norte-vietnamitas). Em particular, no entanto, alguns jornalistas da imprensa estrangeira continuam se mostrando céticos sobre a presença de Che na Bolívia.[51]

(TELEGRAMA DO EMBAIXADOR HENDERSON AO DEPARTAMENTO DE ESTADO, SECRETO, 30 DE JUNHO DE 1967, 22H45, NARA)

49 Fidel Castro absolveu o francês Régis Debray e acreditava que Che teria feito o mesmo. Debray é autor do livro *Revolução na Revolução?*, que sustenta filosoficamente a violência política. O texto virou bíblia das ações armadas nos anos 1960. Fidel escreveu que "Che não pode saber da odisséia vivida por Debray nas mãos da repressão e da atitude firme que manteve diante de seus captores e torturadores". Cf. *Diário do Che na Bolívia*, cit., p. 16.

50 O argentino Ciro Bustos, preso com Debray, não passou pelo crivo de Fidel Castro. Não foi absolvido da acusação de traição. (Ver notas 57 e 58).

51 "30 de junho. No plano político, o mais importante é uma declaração oficial de Ovando de que estou aqui [...[Baseia-se nas declarações de Debray, que, ao que parece, falou além do necessário [...] Resumo do mês. [...] Continua a falta de adesão por parte dos camponeses. Cf. *Diário do Che na Bolívia*, cit., p. 164-165.

***** Julho *****

Debray e Bustos são presos. E falam.

52 "1º de julho [...] Barrientos concedeu uma entrevista coletiva em que admitiu minha presença, mas previu que em poucos dias estaria liquidado. Repetiu sua habitual cantilena de sandices, chamando-nos de ratos e víboras, e reiterou seu propósito de castigar Debray" (...) Idem p. 167.

Na data de 3 de julho, foi encontrada meia dúzia de barracas de campo (provavelmente pertencentes a guerrilheiros) na região de Campo Pajaso (cerca de 15 quilômetros a nordeste de Yacuiba) [...]. Nosso adido militar é muito cético quanto à veracidade da informação (que, aliás, ainda não foi confirmada) [...].[52]

(TELEGRAMA DO EMBAIXADOR HENDERSON AO DEPARTAMENTO DE ESTADO PELO EMBAIXADOR HENDERSON, LA PAZ, CONFIDENCIAL, 6 DE JULHO DE 1967, 21H15, NARA)

Em 9 de julho, o jornalista Barnard Collier (*New York Times*) escreveu, de La Paz, um artigo no qual reafirmava a tese de que, "na terça-feira passada, o governo Barrientos pediu secretamente à Argentina o envio de tropas ao território boliviano para ajudá-lo a derrotar a guerrilha". A matéria é bastante pessimista em relação à situação atual e afirma que "não podemos descartar um golpe de Estado" para fortalecer suas conclusões. Collier escreve que "nossos diplomatas estão cada vez mais desanimados com a crise que vigora e, em particular, declaram estar muito pessimistas". Acrescenta, ainda, que "os instrutores militares norte-americanos parecem chocados com a péssima qualidade e a falta de motivação do Exército boliviano e prevêem que serão necessários pelo menos seis meses antes que o programa de treinamento acelerado, em andamento com a ajuda dos Estados Unidos, possa produzir uma força antissubversão suficientemente preparada" [...].

(TELEGRAMA DO DEPARTAMENTO DE ESTADO À EMBAIXADA NORTE-AMERICANA DE LA PAZ, CONFIDENCIAL, 9 DE JULHO DE 1967, 15H11, NARA)

[...] Temos plena convicção de que a guerrilha representa um elemento perturbador, mas não uma ameaça capaz de derrubar o governo boliviano. O número total dos rebeldes soma cerca de cem homens, talvez divididos em mais grupos: um está atualmente ativo na região entre Florida e Samaipata, ao norte do Rio Grande; outro se encontra provavelmente na região de Nancahuazu. Os relatórios mais recentes indicam que não (repetimos: não) há rastros de rebeldes na fronteira entre a

Bolívia e a Argentina. É provável que possam acontecer conflitos isolados, mas tudo indica que os guerrilheiros não têm o apoio da população local nem que estariam numa posição mais forte em relação ao passado. [...] O treinamento da nova unidade de *rangers*, no âmbito do Programa de Assistência Militar, prossegue de modo satisfatório. Estes homens devem estar prontos para o combate em setembro. [...] As recentes desordens nas regiões mineradoras não (repetimos: não) são resultado direto da guerrilha, embora o sucesso inicial dos rebeldes possa ter encorajado os expoentes mais radicais dos mineradores a pôr à prova o governo boliviano [...].
(CIRCULAR DO DEPARTAMENTO DE ESTADO ÀS SEDES DIPLOMÁTICAS NORTE-AMERICANAS NA AMÉRICA LATINA, CONFIDENCIAL, 10 DE JULHO DE 1967, 20H26, NARA)

Em 7 de julho, por volta das três da manhã, um grupo de guerrilheiros entrou no vilarejo de Samaipata. A imprensa fala de cem homens, mas, segundo nossas estimativas, não eram mais que trinta. Naquela que parece ser uma operação preparada com grande cuidado, um soldado boliviano foi morto e um ficou ferido. Os insurgentes então fugiram (provavelmente sem baixas) com remédios de aproximadamente 200 dólares de valor e certa quantidade de alimentos. Segundo informações ainda não confirmadas, os guerrilheiros agiram do seguinte modo: no fim da noite de 6 de julho (deviam ser 23h), um grupo (não sabemos quantos eram) bloqueou a estrada provincial na região de Cuevas, interrompendo o trânsito até o fim da operação (por volta de 1h45 de 7 de julho). A bordo de um caminhão e de um ônibus conseguidos junto ao posto de bloqueio, uma parte dos rebeldes partiu em direção a Samaipata (a 17 quilômetros de distância), deixando os outros de guarda em Cuevas. Chegando perto de um prédio denominado "La Tranca" (na periferia de Samaipata), os guerrilheiros surpreenderam ali as autoridades civis e alguns militares do Exército boliviano e tomaram posse do local (ao que parece, sem um só tiro). [...] As autoridades mencionadas declararam ter reconhecido Che Guevara. Após terem feito dez reféns, os rebeldes se dirigiram a uma farmácia (*farmacia – tienda*) no centro de Samaipata,

53 "6 de julho. [...] Nosso grupo saiu em um caminhão, chegou a Samaipata, capturou dois carabineiros, depois o tenente Vacaflor, chefe do posto [...] A ação foi realizada diante de todo o povo e uma multidão de viajantes, de modo que terá o efeito de uma bomba" [...] Cf. *Diário de Che na Bolívia*, cit., p. 170.

obrigando o proprietário a abrir o estabelecimento. Um deles, talvez um médico, escolheu remédios e comida e pagou em espécie. Os insurgentes se dirigiram, então, à escola, sede da praça militar local, e, usando os reféns como escudo, tomaram posse do edifício. Durante o confronto inicial, um soldado foi morto enquanto tentava apanhar uma arma (outro ficou ferido) [...]. Por volta de 1h15 da manhã, a bordo de um caminhão, os guerrilheiros partiram de Samaipata (em direção a Cuevas). Antes de prosseguir em direção a Santa Cruz, os rebeldes libertaram todos os reféns.[53]

(TELEGRAMA DA EMBAIXADA NORTE-AMERICANA EM LA PAZ AO DEPARTAMENTO DE ESTADO, SECRETO, 10 DE JULHO DE 1967, 22H15, NARA)

Em 9 de julho, deu-se um tiroteio com um bando de guerrilheiros em El Dorado. Um soldado boliviano ficou ferido e dois insurgentes foram mortos. Durante a ocupação de um "acampamento rebelde provisório", o Exército afirmou ter apanhado muitas peças de roupa. O incidente prova que os guerrilheiros agem divididos em vários grupos. A fonte de nosso adido militar estima serem 15 os envolvidos nos confrontos. [...] No entanto, a "prova" de que mais de um grupo esteja ativo parece pouco confiável. No espaço de 57 horas (dos conflitos de quinta à noite em Samaipata aos de domingo pela manhã), os insurgentes poderiam ter se deslocado por 40 quilômetros até o acampamento de El Dorado. [...] Nosso adido militar me confirmou, depois, a seguinte versão: as autoridades civis e uma parte das militares se encontravam nos arredores de "La Tranca" quando os rebeldes chegaram a Samaipata. Um guerrilheiro, passando-se por oficial boliviano, deu ordens telefônicas para que os civis e os militares se dirigissem imediatamente a Cuevas. É provável, portanto, que, pouco antes da entrada dos insurgentes em Samaipata, a guarnição militar da cidade (situada numa escola) não contasse com mais de 15 soldados. Os outros cinqüenta, de fato, já haviam saído para a ação de patrulhamento (em direção a Cuevas).

(TELEGRAMA DA EMBAIXADA NORTE-AMERICANA DE LA PAZ AO DEPARTAMENTO DE ESTADO, CONFIDENCIAL, 11 DE JULHO DE 1967, 20H10, NARA)

A crise provocada pela intervenção do governo nas áreas de mineração parece ter acabado e o país está voltando à normalidade. As manifestações estudantis também perderam toda a força. [...] Em síntese, os elementos da oposição urbana falharam em apoiar a causa dos mineradores. [...] A longo prazo, Barrientos enfrenta inúmeros (talvez insuperáveis) problemas. [...] Entre eles, há, sem dúvida, o persistente problema da guerrilha na região sul-oriental do país. [...] O presidente, no entanto, continua sendo o político boliviano mais importante (e subestimado), além de um formidável osso duro de roer para a oposição.
(TELEGRAMA DA EMBAIXADA NORTE-AMERICANA DE LA PAZ, CONFIDENCIAL, 12 DE JULHO DE 1967, 11H31, NARA)

Segundo um comunicado oficial do Exército boliviano, as tropas continuam "a operação limpeza" na região de Iquira (vale de Nancahuazu). Os soldados se confrontaram com um número não definido de rebeldes às 15h de 11 de julho. Um guerrilheiro foi morto. O Exército não lamenta baixas. É provável que este grupo se componha de poucos homens e que tenha sido deixado à guarda dos depósitos de suprimentos na região de Nancahuazu. O grupo mais consistente de rebeldes provavelmente dirigiu-se para o norte [...].[54]
(TELEGRAMA DA EMBAIXADA NORTE-AMERICANA DE LA PAZ AO DEPARTAMENTO DE ESTADO, CONFIDENCIAL, 12 DE JULHO DE 1967, 17H30, NARA)

Um comunicado da sede de Washington, da agência jornalística AP, publicado esta manhã nas primeiras páginas dos jornais locais, acima o alarme quanto à avaliação norte-americana sobre o cenário boliviano, insinuando que o nosso governo considera que a situação já esteja fora de controle. [...] Por enquanto, não estou apto a prever as reações de La Paz, mas o boletim poderia provocar mais uma solicitação irracional de assistência militar [...]. Além disso, a edição dominical do *New York Times* escreve que "a simples e contínua presença de guerrilheiros em território boliviano significa que estes estão vencendo o confronto militar" [...].[55]
(TELEGRAMA DO EMBAIXADOR HENDERSON AO DEPARTAMENTO DE ESTADO, CONFIDENCIAL, 12 DE JULHO DE 1967, 22H15, NARA)

54 "12 de julho. [...] o rádio dá outra notícia que parece verídica. Em sua parte mais importante, fala de um combate em Iquira, com um morto do nosso lado, cujo cadáver levaram para Lagunillas. A euforia em torno do cadáver indica que há algo de verdadeiro no caso." Idem, p. 172.

55 "14 de julho. [...] O governo se desintegra rapidamente. É uma pena não ter mais cem homens neste momento." Cf. *Diário do Che na Bolívia*, cit., p. 173.

Multiplicaram-se os boatos que assinalam a presença de Che Guevara na Bolívia, no comando das forças rebeldes. Dizem que foi visto em 27 de junho último (entre Nancahuazu e o Rio Grande) e que estaria na companhia de "Coco" Peredo (líder da guerrilha boliviana) e de outros cinqüenta homens. [...] Entre os insurgentes, estariam, ainda, Roberto e Guido Peredo (a morte do último, porém, foi confirmada pelas autoridades bolivianas, na data de 24 de junho). Tanto Régis Debray quanto seu companheiro de prisão, Bustos,[56] "confirmaram" a presença de Che na Bolívia, declarando que o entrevistaram enquanto se encontravam junto dos guerrilheiros. Segundo Debray, Guevara afirmou ter chegado ao país em novembro de 1966 para organizar "um foco para a libertação da América Latina[57]" [...]. Comentário: embora sejam inúmeras as sinalizações que dizem estar Che na Bolívia, seus "autores" devem ser considerados suspeitos. O avistamento de 27 de junho foi por parte de pessoas cujo conhecimento de Che parece mais que dúbio. O general Ovando declarou ter certeza de que Guevara se encontra no país, mas parece que suas "provas" são constituídas, apenas, das afirmações de Debray e Bustos.[58] [...] Os civis capturados em Samaipata estão na situação constrangedora de ter de justificar a facilidade com que os rebeldes entraram na cidade e a quase absoluta falta de resistência por parte dos militares locais. Seus testemunhos podem ter sido nada mais que um apoio à nova posição que o governo tomou, segundo a qual Che se encontraria de fato na Bolívia. [...] Além disso, dizem que o governo estaria pressionando as "testemunhas" para que afirmem ter visto Guevara e seus guerrilheiros. [...] A tese da presença de Che, todavia, não pode ser totalmente descartada. Alguns, entre os que afirmam tê-lo visto, podem até ter dito a verdade. Seja lá como for, com certeza os insurgentes estão sendo guiados por uma pessoa experiente. Poderia até não se tratar de Guevara, mas decerto é um indivíduo que estudou e introjetou sua doutrina sobre a guerra de guerrilha.

(RELATÓRIO DA EMBAIXADA NORTE-AMERICANA DE LA PAZ AO DEPARTAMENTO DE ESTADO, CONFIDENCIAL, 12 DE JULHO DE 1967, NARA)

56 Em 1962, Ciro Roberto Bustos (1932) foi encarregado por Guevara de organizar um "foco" guerrilheiro em Salta (norte da Argentina), juntamente com Jorge Masetti e Hermes Paz. A tentativa de insurreição (1963-1964) fracassa. Masetti e Paz foram presos e assassinados. Em 1966, Che confia a Bustos a tarefa de montar uma rede clandestina de apoio em Mendoza, Buenos Aires e Córdoba. Em março de 1967, convocado, ele vai a Nancahuazu. Em 20 de abril, é preso pelo Exército boliviano, com Debray e Tania.

57 Em 30 de junho, Che registra um comentário levemente restritivo ao depoimento de Debray: "[...] ao que parece falou além do necessário, embora não possamos saber que implicações tem isso, nem quais foram as circunstâncias em que falou." Cf. *Diário do Che na Bolívia*, cit., p. 165. Qual seria a diferença entre o estrago feito pelas confissões de Debray e as de Ciro Bustos?

58 Bustos teria revelado esconderijos de armas e de alimentos da guerrilha. Pintor amador, fez os retratos dos principais componentes da guerrilha. Condenado a trinta anos de prisão, foi anistiado em 1970. Vive atualmente na Suécia. Ele se defende da acusação de traição e argumenta que, quando foi preso, os bolivianos e a CIA já tinham certeza da presença de Che na Bolívia. Cf. o documentário sueco *Sacrifício. Quién traicionó al Che Guevara?* (2000), de Erik Gandini e Tarik Saleh.

[...] O Ministério das Relações Exteriores brasileiro teve uma troca de opiniões sobre a situação boliviana com os governos da Argentina, Paraguai, Chile e Peru. [...] A Argentina é o país mais preocupado com os aspectos da segurança, enquanto Chile, Paraguai e Peru temem os passos que estão sendo dados para fortalecer o Exército boliviano. A situação política, a revolta dos mineradores e dos estudantes e a guerrilha estão criando uma situação de instabilidade que poderia levar a um golpe de Estado militar (na Bolívia). O governo brasileiro colabora com o boliviano impedindo que os guerrilheiros recebam suprimentos através da fronteira entre os dois países [...].
(TELEGRAMA DA EMBAIXADA NORTE-AMERICANA AO DEPARTAMENTO DE ESTADO, CONFIDENCIAL, 13 DE JULHO DE 1967, 14H20, NARA)

As nossas avaliações sobre a situação atual da guerrilha na Bolívia coincidem plenamente com as de vocês. Em Washington, nenhum funcionário norte-americano fez declarações (públicas ou privadas) que possam ter levado às previsões pessimistas sobre o país andino divulgadas recentemente pela AP, pelo *US News & Report* e pelo *New York Times* [...].
(TELEGRAMA DO DEPARTAMENTO DE ESTADO À EMBAIXADA NORTE-AMERICANA DE LA PAZ, CONFIDENCIAL, 13 DE JULHO DE 1967, 19H05, NARA)

Por causa dos recentes desdobramentos da guerrilha, estamos realizando uma nova avaliação das capacidades reais do Exército boliviano e das medidas que os Estados Unidos deveriam tomar para o enfrentamento da situação. Os fatores mais desanimadores são os seguintes: as forças rebeldes se movem livremente pelo território (veja a breve ocupação de Samaipata ou da estrada regional Santa Cruz-Cochabamba, na semana passada); a pouca agressividade, a lenta reação e o moral baixo das unidades do Exército boliviano (excetuando-se o 2º Batalhão de *rangers*); [...] o pessimismo que permeia o Estado-Maior do Exército, que continua a buscar "soluções milagrosas", enfatizando ao mesmo tempo a necessidade de armas automáticas estadunidenses para levantar o moral dos soldados. [...] Mas é muito provável que as metralhadoras nas mãos de tropas mal

59 Considerando apenas esse número de soldados e o número de rebeldes (aproximadamente sessenta homens no apogeu), o equilíbrio das forças em combate mostra a seguinte situação: havia 320 soldados bolivianos em ação para cada guerrilheiro.

treinadas e fortemente desmotivadas acabem por engordar o arsenal da guerrilha. [...] Preocupam-nos os efeitos indiretos provocados pela contínua atividade dos insurgentes, que terminaria por desestabilizar os alicerces de um regime constitucional. Uma solução militar dramática e imediata parece irrealista. De qualquer modo, estamos em busca de uma fórmula que ajude o governo boliviano a pôr fim (o quanto antes) ao problema da guerrilha. Embora não seja uma panacéia, o 2º Batalhão de *rangers* se constitui num ótimo começo para uma solução eventual. No entanto, ainda não está apto a agir por conta própria. [...] Se fosse separado de nossos instrutores militares, estaríamos diante de uma inevitável queda do moral e das capacidades desses soldados se tivessem de entrar em ação de maneira autônoma. É altamente desejável, se não absolutamente essencial, fortalecer o seu poder de fogo e autorizar os nossos instrutores a permanecer na região de La Esperanza para reorganizar e rearmar parcialmente outras unidades do Exército boliviano. Em setembro, com a partida do 2º Batalhão de *rangers*, propomos, então, que as nove companhias (que agora se encontram nas áreas da 4ª e da 8ª Divisões) visitem alternadamente La Esperanza por um período de treinamento de um mês cada uma. [...] Temos a convicção de que este seja o melhor (e talvez o único) plano capaz de induzir o Exército boliviano a lançar-se numa ação eficaz e tempestiva contra a ameaça da guerrilha. De fato, trata-se de uma força de 1.500 soldados relativamente bem armados e treinados[59] [...].
(TELEGRAMA DA EMBAIXADA NORTE-AMERICANA DE LA PAZ AO DEPARTAMENTO DE ESTADO, CONFIDENCIAL, 14 DE JULHO DE 1967, 21H15, NARA)

[...] O Exército boliviano acredita que o bando guerrilheiro responsável pelo incidente de Samaipata esteja nas colinas, uns 20 quilômetros a sudeste da cidade. Operação "Cíntia": continua a "limpeza" do vale de Nancahuazu. Não houve contato visual de rebeldes nos últimos três dias. O Exército enviou duzentos soldados da guarnição de Tarija e Potosí à área ao sul de Chuquisaca, para verificar se, de fato, dois aviões (sem quais-

quer insígnias) aterrissaram na região tendo a bordo "quarenta estrangeiros". Uma pequena unidade do Exército está investigando o suposto "incidente de guerrilha" ocorrido, em 10 de julho, em La Belgica (45 quilômetros ao norte de Santa Cruz). Ontem, o presidente Barrientos realizou uma inspeção-relâmpago em Camiri, entregando, pessoalmente, remédios e munições às tropas.[60]
(TELEGRAMA DA EMBAIXADA NORTE-AMERICANA DE LA PAZ AO DEPARTAMENTO DE ESTADO, CONFIDENCIAL, 14 DE JULHO DE 1967, 22H15, NARA)

[...] Os Estados Unidos exercem uma essencial (mas não ilimitada) influência no teatro de ação boliviano. A longo prazo, a assistência norte-americana (treinamento, armamento e equipamento) deveria permitir às Forças Armadas do país andino enfrentar a guerrilha, a menos que a autoridade do governo não se degenere de maneira irreversível. Além disso, os Estados Unidos são capazes de exercer uma considerável influência (embora não necessariamente decisiva) sobre as decisões que Argentina e Brasil tivessem eventualmente que tomar em relação à Bolívia. No entanto, se o nosso governo tentasse dissuadir Argentina e Brasil de empregar ações armadas consideradas necessárias para sua segurança, estes países poderiam esperar que os Estados Unidos colocassem em campo modalidades alternativas ao tratar do problema boliviano, de modo a satisfazer suas demandas de segurança. [...] As provas em nosso poder nos levam às seguintes conclusões com relação à origem e à composição da guerrilha: o movimento é composto por cerca de sessenta indivíduos; nesse momento, novos adeptos estariam em fase de treinamento; alguns estrangeiros (cubanos, peruanos e argentinos) integram o bando; os insurgentes possuem modernas armas automáticas e dispõem de remédios (registra-se a presença de um médico); [...] muitos rebeldes são bolivianos e foram treinados em Cuba; o movimento recebe apoio moral (e, provavelmente, material também) de Cuba; [...] os expoentes comunistas e os subversivos capturados confessaram que a descoberta da presença guerrilheira foi acidental: seus chefes haviam planejado um trabalho complementar de organização e de treinamento antes de iniciar efetivamente as ações armadas.

60 "15 de julho. [...] Barrientos anuncia a operação 'Cíntia' para nos liquidar em poucas horas." Cf. *Diário do Che na Bolívia*, cit. p. 173.

É provável que isso corresponda à verdade. [...] A presença de Jules Régis Debray na região da guerrilha (e a proximidade dele com Castro) indica que existe um envolvimento cubano no movimento rebelde. Um indício ainda mais forte deriva da confirmação (embora não iminente) dos boatos cada vez mais insistentes que assinalam Che Guevara ainda vivo na Bolívia e os instrutores militares cubanos em ação juntamente com os rebeldes. [...]. É provável que a ameaça guerrilheira não chegue a um ponto crítico num futuro próximo. Os obstáculos naturais à expansão do movimento são enormes. A área das operações foi escolhida com cautela, com o objetivo de permitir que os rebeldes empregassem, por um bom tempo, a tática de ataques rápidos e fugas repentinas em relação ao Exército boliviano. Os insurgentes, todavia, estão, de fato, isolados das regiões mais povoadas do país. [...] Assim sendo, resultam essenciais as dificuldades de recrutamento, abastecimento e comunicação. As armas, por exemplo, chegam de fora ou são seqüestradas pelo Exército. Outra desvantagem se constitui nas doenças que infestam a área [...]. Agora, não vislumbramos qualquer solução rápida para o problema da guerrilha boliviana. Por conseguinte, listamos a seguir algumas considerações nossas: a) [...] os rebeldes conseguiram sobreviver e pôr em xeque o Exército boliviano; desestabilizar o país; colocar em alarme as nações vizinhas; atrair a atenção do mundo inteiro; b) se o movimento persistir, é provável que o nível de pobreza e instabilidade do país aumente, estimulando, de fato, os grupos da oposição (mineradores, estudantes e movimentos de esquerda). Se as forças públicas optassem pela repressão, os insurgentes poderiam receber o apoio ou a simpatia de tais grupos; c) se a crise se alastrasse, envolvendo os mineradores, as hierarquias militares poderiam deixar de apoiar o presidente e destituí-lo; d) um encadeamento de desdobramentos negativos poderia deslocar os equilíbrios de poder bolivianos e induzir os países limítrofes (sobretudo Argentina e Brasil) a enviar suas tropas ao país (talvez a convite do próprio governo); e) parece improvável que uma força de intervenção estrangeira (seja ela argentina ou brasileiro-argentina) esteja apta a extirpar, de modo cirúrgico e rápido, a subversão boliviana. As pequenas formações guerri-

lheiras conseguiriam se dispersar facilmente, reagrupando-se e mudando para outros lugares, ou simplesmente se esconder. É plausível, portanto, que, na Bolívia, os exércitos estrangeiros tenham que enfrentar um inimigo invisível e acabem se perguntando se seria oportuno ficarem ou retirar-se. [...] A intervenção poderia ofender o forte nacionalismo dos bolivianos, desencadeando uma violenta resistência de massa contra o governo e as nações limítrofes. Ao contrário, se uma força estrangeira se retirasse apressadamente sem ter eliminado os rebeldes, estes poderiam voltar imediatamente à ação [...].[61]
(RELATÓRIO DO DEPARTAMENTO DE ESTADO, SECRETO, 18 DE JULHO DE 1967, NARA)

Atualmente, nossa objeção em elaborar um plano de emergência juntamente com a Argentina, no que concerne à situação da guerrilha boliviana, baseia-se na constatação seguinte: se levada ao extremo, essa iniciativa acabaria abrindo um debate sobre a possível atividade militar estrangeira no país andino (com ou sem o consenso de La Paz). Apesar de nossos esforços, tais conversações poderiam tornar-se públicas, minando, assim, a posição de Barrientos e criando um grande constrangimento aos governos dos Estados Unidos e da Argentina. Consideramos que a situação boliviana atual não ameaça os interesses norte-americanos e argentinos a ponto de justificar assumirmos um risco desse tipo [...].
(TELEGRAMA DO DEPARTAMENTO DE ESTADO À EMBAIXADA NORTE-AMERICANA DE BUENOS AIRES, SECRETO, 25 DE JULHO DE 1967, 20H30, NARA)

[...] As informações em nosso poder indicam que os guerrilheiros na Bolívia são uma centena, bem armados e treinados [...].
(MEMORANDO DE CONVERSA ENTRE ALVARO C. ALSOGARAY, EMBAIXADOR ARGENTINO EM WASHINGTON, E COVEY T. OLIVER, SUBSECRETÁRIO DE ASSUNTOS INTERAMERICANOS, SECRETO, 28 DE JULHO DE 1967, NARA)

[...] O embaixador Alsogaray[62] confirmou a existência de um acordo entre Bolívia e Argentina, que autoriza, eventualmente, a polícia de fronteira argentina a perseguir os guerrilheiros por cerca de 2 quilômetros território boliviano adentro [...].
(TELEGRAMA DO DEPARTAMENTO DE ESTADO À EMBAIXADA NORTE-AMERICANA DE BUENOS AIRES, SECRETO, 29 DE JULHO DE 1967, 16H40, NARA)

61 "19 de julho [...] No momento, os sindicatos agrícolas de Cochabamba formaram um partido político 'de inspiração cristã' que apóia Barrientos e este pede 'que o deixem governar por quatro anos', quase implorando. Siles Salinas ameaça a oposição, dizendo que nossa subida ao poder custará a cabeça de todos [...]" Cf. *Diario do Che na Bolívia*, cit., p. 175. Mesmo isolado, Che percebia a angústia do governo diante da ameaça.

62 Logo após o golpe de Estado de junho de 1966, o general Onganía nomeia Alvaro C. Alsogaray (1913-2005) embaixador argentino em Washington (1966-1968).

*** Agosto ***

CIA: "forasteiros com barba" chegaram à Bolívia

O embaixador Alsogaray afirmou que o governo argentino está bastante preocupado com o desdobramento dos acontecimentos na Bolívia. Com efeito, teme que o problema da guerrilha e outras questões internas possam abater o atual governo de La Paz ou substituí-lo por um de esquerda. Em seguida, afirmou que a Argentina está pronta para entrar em ação para combater tal situação, mas que antes gostaria de discutir com os Estados Unidos a eventual emergência. [...] O embaixador ressaltou que as tropas do Exército argentino estão atualmente enfileiradas na fronteira com a Bolívia. [...] O secretário Rusk respondeu que, de certo modo, a situação melhorou no mês de julho e que o batalhão de *rangers* (que estamos ajudando no treinamento) deveria auxiliar o Exército boliviano na luta contra a subversão [...].
(MEMORANDO DE CONVERSA ENTRE ALVARO C. ALSOGARAY, EMBAIXADOR ARGENTINO EM WASHINGTON, E DEAN RUSK, SECRETÁRIO DE ESTADO, SECRETO, 3 DE AGOSTO DE 1967, 10H30, NARA)

A Bolívia é uma integrante (relativamente) nova da lista das nações latino-americanas nas quais a guerrilha (inspirada pelos comunistas) se transformou em um problema grave. Os primeiros sinais sobre o início das operações datam do final de 1966 e foram recebidos com ceticismo tanto pelos observadores bolivianos quanto pelos estrangeiros. [...] No começo de março, o Exército boliviano começou a receber relatórios sobre um grupo de forasteiros com barba, na região sudeste do país. Em 23 de março, uma patrulha deparou-se com um acampamento da guerrilha (sete soldados foram mortos e cinco ficaram feridos). Os rebeldes capturaram 21 militares (que foram libertados no mesmo dia, mas somente após terem sido medicados e interrogados). [...] Os insurgentes bolivianos são bem treinados e disciplinados. Além disso, parece evidente que utilizam táticas de treinamento adotadas pelos cubanos e que um pequeno grupo de instrutores militares da ilha caribenha atua em campo. À diferença dos filocastristas ativos na Venezuela, Guatemala e Colômbia, os subversivos bolivianos são capazes de assumir a iniciativa militar nos choques com o Exército. [...] Os rebeldes estão altamente motivados e seu moral está alto. [...] Alguns relatórios, provenientes da Bolívia e do exterior, levantam a hipótese de que um dos líderes da guerrilha seja Ernesto Che Guevara, o revolucionário de origem argentina que teve um papel fundamental no governo castrista de Cuba até sair de cena, em março de 1965. Estas informações, provenientes de fontes de variável credibilidade, concordam essencialmente sobre onde e quando Guevara teria se juntado aos insurgentes bolivianos, mas ainda não se obteve uma prova evidente de sua participação direta. [...] Che Guevara e Fidel Castro são as fontes teóricas e práticas da guerrilha boliviana, que recentemente voltaram à cena graças à publicação de um manual escrito por Jules Régis Debray, um jovem marxista francês "protegido" de Castro. *Revolução na revolução?* é o resultado de várias conversas com Castro e foi publicado em janeiro com o apoio do governo cubano. No prefácio, lê-se que Debray passou muito tempo com os guerrilheiros de vários países latino-americanos. De fato, em abril, o francês foi capturado pelo Exército boliviano juntamente com mais dois estrangeiros. [...] Os recentes interrogatórios de Ciro Roberto Bustos (um jornalista independente argentino que esteve com os rebeldes de 6 de março até sua captura, ocorrida em 20 de abril junto com a de Debray) indicam que as teorias revolucionárias castristas são atualmente aplicadas na Bolívia. Tanto Bustos como Debray afirmam que Che dirige pessoalmente toda a operação. Bustos, também, falou amplamente sobre uma suposta conversa dele com Guevara em março [...]. Segundo o jornalista, o objetivo estratégico de Che é a tomada do poder político em um ou mais países latino-americanos, em conseqüência do desenvolvimento da luta armada revolucionária. Parafraseando as teses de Castro e Debray, Che teria afirmado que a guerrilha deve ser o núcleo do ímpeto revolucionário. [...] Guevara, também, teria confessado que o apoio político exterior é necessário para a vitória da revolução na América Latina, embora, de início, a luta tenha de parecer um assunto estritamente interno. Com o progresso da revolução, "seu caráter internacionalista e proletário se tornará um fato". Em outras palavras, a assistência exterior às revoluções não pode ser escondida

por muito tempo [...]. O "espectro" de Che, que foi eleito presidente honorário *in absentia* da conferência da Organização Latino-Americana de solidariedade (OLAS) [em Havana], simboliza de modo claro a abordagem militante que Castro deseja conferir a esta assembléia [...].
(RELATÓRIO DA CIA, SECRETO, 8 DE AGOSTO DE 1967, NARA)

Na tarde de 14 de agosto, nos arredores de Chuyuyaca (11 quilômetros a nordeste de Monteagudo), deu-se um embate armado entre a guerrilha e o Exército boliviano. [...] Em 12 de agosto, foi encontrado um novo depósito de armas. Além disso, foram descobertos muitos equipamentos militares de fabricação norte-americana (a imprensa supõe que os rebeldes os tenham seqüestrado do Exército boliviano durante os primeiros ataques).[63]
(TELEGRAMA DA EMBAIXADA NORTE-AMERICANA DE LA PAZ AO DEPARTAMENTO DE ESTADO, CONFIDENCIAL, 15 DE AGOSTO DE 1967, 22H40, NARA)

O coronel Robert H. Quinn, adido militar de nossa Embaixada, e o tenente-coronel Manuel Cardenas (Forças Armadas bolivianas) estarão em Washington em 27 de agosto com documentos importantes (descobertos pelo Exército boliviano) que ligam a guerrilha boliviana a Cuba e, especialmente, a Che Guevara [...].[64]
(TELEGRAMA DO EMBAIXADOR HENDERSON AO DEPARTAMENTO DE ESTADO, CONFIDENCIAL, 25 DE AGOSTO DE 1967, 22H15, NARA)

Na noite de 28 de agosto, jantei sozinho com Barrientos. [...] O presidente pareceu mais relaxado e expansivo do que à tarde, quando o tinha encontrado junto com o general Porter. [...] Segundo Barrientos, o general Ovando "é um tolo, que só sabe cometer erros" [...] O presidente pareceu vago quanto às intenções do governo em relação ao pós-processo de Debray, acrescentando que ainda não refletiu o suficiente sobre o assunto. Afirmou, no entanto, que não vê como o seu governo poderia deter o francês após a sentença. Eu frisei que, caso a Bolívia

63 "14 de agosto. Dia negro. [...] à noite o noticiário informou sobre a tomada da cova para onde se dirigiam nossos homens, com detalhes tão precisos que não é possível duvidar [...] É o golpe mais duro que nos infligiram; alguém abriu a boca. Quem? É uma incógnita [...]" Cf. *Diário do Che na Bolívia*, cit., p. 188. Os três sobreviventes da guerrilha (Pombo, Benigno e Urbano) sempre acusaram Bustos de ter revelado o depósito secreto de suprimentos e de munições (Cf. *Compañero*, cit., p. 461).

64 "17 de agosto. [...] O rádio anunciou que apresentará documentos e provas das quatro covas de Ñacahanzu [sic], o que indica que também caiu a dos macacos" [...] Cf. *Diário do Che na Bolívia*, cit., p. 189. 24 de agosto. [...] O Exército anunciou ter encontrado outra cova [...] Idem, p. 192

tenda a considerar uma troca material ou de prisioneiros (como já foi anunciado publicamente), poderia ser útil consultar o governo norte-americano (temos certa experiência com Cuba). Graças às informações transmitidas por um desertor, o Exército boliviano está prestes a descobrir um espetacular esconderijo de armas e equipamentos da guerrilha, localizado a noroeste de Iripiti (uma área que ainda não foi "limpa" pela 4ª Divisão) [...].
(TELEGRAMA DO EMBAIXADOR HENDERSON AO DEPARTAMENTO DE ESTADO, CONFIDENCIAL, 29 DE AGOSTO DE 1967, 22H45, NARA)

*** Setembro ***

O massacre de Masicuri

Em 31 de agosto, durante um violento combate nos arredores de Masicuri Bajo, o grupo de guerrilha "sul" (sob o comando do cubano Joaquín) foi exterminado. [...] Inimigos mortos: Joaquín (líder do grupo), Ernesto (médico), Walter, Braulio, Moisés, Toro, Tania,[65] Negro, Alejandro. Os corpos de Tania e de Negro ainda não foram resgatados das águas do Rio Grande [...]. Masicuri Bajo se encontra 5 quilômetros a nordeste da junção dos rios Nancahuazu e Rio Grande (60 quilômetros a sudeste de Vallegrande). [...] Por meio dos codinomes utilizados pelos cubanos, estamos procurando checar a lista dos supostos rebeldes eliminados [...].[66]

(TELEGRAMA DO EMBAIXADOR HENDERSON AO DEPARTAMENTO DE ESTADO, CONFIDENCIAL, 2 DE SETEMBRO DE 1967, 15H15, NARA)

Sobre o tiroteio de Masicuri, nosso adido militar conseguiu do Exército boliviano as primeiras informações confiáveis. Em decorrência do "contato" de 30 de agosto, uma unidade do regimento Manchego colocou-se nos rastros do grupo guerrilheiro, e tornou a confrontar-se com o bando em Masicuri Bajo (31 de agosto). Os insurgentes (a retaguarda) foram todos eliminados. Um boliviano (Paco) foi feito prisioneiro. Nenhum rebelde conseguiu fugir. Entre os mortos, dois são bolivianos e os outros cubanos ou argentinos (mas o Exército não especificou como conseguiu identificá-los). Foi possível seqüestrar documentos, fotos, armas e equipamentos diversos [...].[67]

(TELEGRAMA DO EMBAIXADOR HENDERSON AO DEPARTAMENTO DE ESTADO, CONFIDENCIAL, 2 DE SETEMBRO DE 1967, 16H15, NARA)

[...] Tive uma conversa com o embaixador brasileiro na Bolívia, Lauro Escorel, sobre a situação da guerrilha boliviana e as possíveis implicações internacionais que poderiam eventualmente surgir dos atuais sinais de sua deterioração. [...] Expus a ele a posição norte-americana: a guerrilha é um problema que só os bolivianos podem resolver (nossa assistência é muito limitada). [...] Em geral, o governo dos Estados Unidos se fiará de nossa Embaixada de La Paz para manter as delegações latino-

65 Responsável pela ligação entre os guerrilheiros e a rede urbana de La Paz, Tania era, na verdade, Tamara Bunke Bider, nascida em Buenos Aires (1937-1967). Conheceu Che em Berlim, em 1960. Segundo um ex-espião da Alemanha Oriental, Gunther Mannel, ela teria sido uma agente dos serviços secretos do leste (provavelmente da KGB), encarregada de controlar os movimentos de Che, desde que ele saiu de Cuba, em 1965.

66 "[...] As Forças Armadas bolivianas finalmente obtiveram sua primeira vitória, e foi uma grande vitória [...]." Cf. o relatório enviado por Walt Rostow ao presidente Johnson em 5 de setembro de 1967, secreto, Nsf, country file Bolivia, vol. 4, envelope 8, LBJ Library.

67 "31 de agosto [...] Resumo do mês [...] foi o pior mês que tivemos desde o início da guerra. A perda de todos os depósitos com todos os documentos e os remédios foi um duro golpe, sobretudo psicológico [...] A falta de contato com o exterior e com Joaquín, e o fato de prisioneiros do seu grupo terem falado, também diminuiu um pouco o moral da tropa" [...]. Cf. *Diário do Che na Bolívia*, cit., p. 196

americanas informadas sobre a questão dos rebeldes. [...] Segundo Escorel, os interesses brasileiros estão fortemente relacionados à situação da segurança na Bolívia, e Brasília não deseja que a situação piore. [...] Aproveitei a oportunidade para ressaltar as graves conseqüências internacionais que poderiam derivar de uma intervenção armada na Bolívia (seja ela unilateral ou regional) pelas mãos de um (ou mais) países vizinhos [...].
(TELEGRAMA DO EMBAIXADOR HENDERSON AO DEPARTAMENTO DE ESTADO, SECRETO, 2 DE SETEMBRO DE 1967, 20H25, NARA)

[...] O Departamento de Estado acredita que a brilhante ação do Exército boliviano (em 31 de agosto)[68] contra a retaguarda da guerrilha contribuirá para esfriar qualquer desejo de intervenção armada na Bolívia por parte dos países latino-americanos [...].
(CIRCULAR DO DEPARTAMENTO DE ESTADO A TODAS AS SEDES DIPLOMÁTICAS NORTE-AMERICANAS NA AMÉRICA LATINA, SECRETO, 7 DE SETEMBRO DE 1967, 00H10, NARA)

Em matéria de política exterior, Costa Mendez exerce uma grande influência sobre o presidente Onganía e já o colocou em estado de alerta quanto aos perigos que poderiam derivar de um envolvimento militar (argentino) direto na Bolívia [...].
(TELEGRAMA ENVIADO AO DEPARTAMENTO DE ESTADO PELA EMBAIXADA NORTE-AMERICANA DE BUENOS AIRES, SECRETO, 7 DE SETEMBRO DE 1967, 22H10, NARA)

O Exército boliviano anunciou que o cadáver de "Tania" foi resgatado das margens do Rio Grande e que será imediatamente transportado para Santa Cruz. A descoberta dos corpos de Negro e de Tania confirma os primeiros relatórios das Forças Armadas bolivianas,[69] segundo os quais toda a facção rebelde foi eliminada durante a ação de 31 de agosto (com exceção de um guerrilheiro boliviano, "Paco").[70]
(TELEGRAMA DO EMBAIXADOR HENDERSON AO DEPARTAMENTO DE ESTADO, 7 DE SETEMBRO DE 1967, 22H33, NARA)

68 "2 de setembro [...] O rádio trouxe uma notícia feia sobre o aniquilamento de um grupo de dez homens liderados por um cubano chamado Joaquim, na região de Camiri; no entanto, a notícia foi divulgada apenas pela Voz das Américas e as emissoras locais não disseram nada." Cf. *Diário do Che na Bolívia*, cit., p., 198.

69 Che busca justificativas para não acreditar na informação: "3 de setembro. [...] Outra vez a voz dos Estados Unidos deu a notícia sobre os combates [...] agora, citou José Carrilo como o único sobrevivente de um grupo de dez homens. Como esse Carrilo é Paco [...] e o aniquilamento ocorreu em Masicuri, tudo parece indicar que é uma grande invenção." Cf. *Diário do Che na Bolívia*, cit., p. 199)

70 "4 de setembro [...] O rádio traz uma notícia sobre um morto em Vado del Yeso, perto de onde fora aniquilado o grupo de dez homens, em novo enfrentamento, o que faz parecer que a história de Joaquim é uma mentira. [...] De qualquer forma, está estranho o teor das informações, que agora se deslocam para Masicuri e Camiri". Cf. *Diário do Che na Bolívia*, cit., p. 200.

71 "11 de setembro [...] O rádio trouxe [...] a notícia de que Barrientos afirmava que eu estava morto há bastante tempo e tudo era propaganda. De noite, a de que oferecia $ 50.000 (US$4,200) por dados que facilitassem a minha captura vivo ou morto [...] Lançaram panfletos sobre a região, provavelmente com minhas características" [...] Cf. *Diário de Che na Bolívia*, cit., p. 181.

O ministro das Relações Exteriores boliviano, Walter Guevara Arce, pediu-me esclarecimentos quanto aos preparativos da décima segunda conferência dos ministros das Relações Exteriores latino-americanos, dedicada à intervenção cubana (na Bolívia). Eu sugeri a ele que distinguisse entre o processo de Régis Debray (parece difícil, se não impossível, reconquistar um terreno em que a opinião pública tem indubitavelmente vantagem) e o papel de Cuba na Bolívia. A apresentação de provas irrefutáveis assumirá uma importância incalculável, contribuindo para colocar à sombra o caso Debray. [...] Com a apresentação de fotos e documentos que provam a presença de Che Guevara e de outros guerrilheiros cubanos na ação armada contra a Bolívia, Guevara Arce espera obter o efeito desejado. [...].
(TELEGRAMA DO EMBAIXADOR HENDERSON AO DEPARTAMENTO DE ESTADO, CONFIDENCIAL, 8 DE SETEMBRO DE 1967, 22H45, NARA)

Ontem, em Vallegrande (pouco antes de visitar a região de Masicuri), Barrientos ofereceu "garantias totais" aos rebeldes bolivianos que decidissem se render. [...] As declarações do presidente parecem distanciar-se das posições (não oficiais) assumidas pelo Exército, cuja regra prevê a eliminação indiferenciada de guerrilheiros e desertores da rebelião. Sempre fizemos pressões para que fosse adotada uma política similar à anunciada por Barrientos. Agora, a esperança é que as Forças Armadas também a adotem.
(TELEGRAMA DO EMBAIXADOR HENDERSON AO DEPARTAMENTO DE ESTADO, CONFIDENCIAL, 9 DE SETEMBRO DE 1967, 16H05, NARA)

De surpresa, o presidente Barrientos anunciou à imprensa que está de posse das provas de que Che Guevara passou pela Bolívia. Ofereceu também uma recompensa de 50 mil pesos por sua captura (preferivelmente vivo) [...].[71]
(TELEGRAMA DO EMBAIXADOR HENDERSON AO DEPARTAMENTO DE ESTADO, CONFIDENCIAL, 11 DE SETEMBRO DE 1967, 23H45, NARA)

[...] Segundo alguns boatos, seriam 15 os brasileiros identificados como pertencendo ao grupo guerrilheiro operante na Bolívia[72] [...]. O adido militar da Embaixada argentina no Brasil entregou-nos uma cópia do relatório sobre a situação boliviana, preparado pelo Estado-Maior do Exército argentino. Em síntese, no início de agosto, Buenos Aires havia chegado à conclusão de que a Bolívia não conseguiria eliminar os guerrilheiros a curto prazo, mas que os rebeldes não representavam uma ameaça séria ao governo de La Paz (a menos que episódios semelhantes não se dessem também em outras áreas do país) [...].
(TELEGRAMA DA EMBAIXADA NORTE-AMERICANA DO RIO DE JANEIRO AO DEPARTAMENTO DE ESTADO, SECRETO, 12 DE SETEMBRO DE 1967, 18H20, NARA)

O comandante militar da 4ª Divisão convidou o jornalista boliviano da AP, Jorge Canelas, "a abandonar Camiri". [...] Canelas teria "divulgado notícias falsas sobre o choque armado de 30 de agosto último" [...].
(TELEGRAMA DA EMBAIXADA NORTE-AMERICANA AO DEPARTAMENTO DE ESTADO, 15 DE SETEMBRO DE 1967, 13H50, NARA)

[...] Julgamos que Che Guevara tenha chegado a La Paz de avião, em novembro de 1966 (e não cruzando a fronteira entre Brasil e Bolívia via Corumbá, em janeiro de 1967, como informado pelo jornal *Presencia* de 13 de setembro) [...].[73]
(RELATÓRIO DO EMBAIXADOR HENDERSON AO DEPARTAMENTO DE ESTADO, CONFIDENCIAL, 16 DE SETEMBRO DE 1967, NARA)

De maneira informal, nossa Embaixada foi indagada pelo Ministério das Relações Exteriores peruano com relação à veracidade das afirmações que concernem a Che Guevara, atribuídas ao ministro das Relações Exteriores boliviano Guevara Arce durante sua passagem por Lima, em 17 de setembro. [...] Guevara Arce teria declarado: "Temos plena certeza de que Che Guevara se encontra na Bolívia" [...].
(TELEGRAMA DA EMBAIXADA NORTE-AMERICANA DE LIMA AO DEPARTAMENTO DE ESTADO, CONFIDENCIAL, 18 DE SETEMBRO DE 1967, 22H00, NARA)

72 Os documentos americanos, por duas ou três vezes, fazem menção a isso. Mas não há confirmação, das organizações que participaram da luta armada no Brasil, de que tenham enviado militantes para a guerrilha na Bolívia.

73 Guevara chegou de avião em São Paulo. Após cruzar a fronteira, por Corumbá, foi para La Paz em um vôo interno. Deslocou-se de jipe para Nancahuazu. A primeira anotação do Diário ("Hoje começa uma nova fase") é de 7 de novembro de 1966. Curiosidade: ele escreveu mesmo no dia 7? Se foi assim, muito provavelmente chegou lá no dia 6 porque faz referência (no dia 7) a fatos ocorridos "depois da meia-noite".

74 A conferência ocorreu em 22 de setembro de 1967, em Washington.

Através dos canais diplomáticos regulares, o governo boliviano informou à Organização dos Estados Americanos sobre o confisco de vários documentos (entre eles, passaportes e fotos) que provam de maneira inequívoca a presença de cubanos (entre eles, Che Guevara) no bando de guerrilheiros que atua no sudeste da Bolívia. [...] Dizem que dois dos passaportes uruguaios contêm quase certamente as fotos de Guevara com identidade falsa (as impressões digitais dos polegares são suas, com certeza). Tudo indica que Che entrou na Bolívia em novembro de 1966, permanecendo junto dos rebeldes pelo menos até abril deste ano. Mas não podemos descartar que ainda esteja na região. Os outros cubanos identificados são os seguintes: comandante Juan Acuña; capitão Orlando Pantoja; capitão Eliseo Reyes; capitão Jesús Suárez; comandante Gustavo Machín. Vale notar que os homens acima mencionados desempenharam um papel de destaque na luta contra Batista, juntamente com Castro e Guevara, e constituem o "primeiro time" da guerrilha boliviana [...].
(CIRCULAR DO DEPARTAMENTO DE ESTADO A TODAS AS SEDES DIPLOMÁTICAS NORTE-AMERICANAS NA AMÉRICA LATINA, SECRETO, 18 DE SETEMBRO DE 1967, NARA)

Às 15h, o ministro das Relações Exteriores boliviano, Guevara Arce, fez um discurso diante da décima segunda conferência dos ministros das Relações Exteriores da OEA. O ministro exibiu fotos, passaportes e manuscritos que comprovam a intervenção dos cubanos (e de Che Guevara) no país andino. [...] A impressão é de que os presentes tenham recebido bem a tese de que Che estaria vivo e atuante na Bolívia.[74]
(TELEGRAMA DO DEPARTAMENTO DE ESTADO À EMBAIXADA NORTE-AMERICANA DE LA PAZ, 25 DE SETEMBRO DE 1967, NARA)

Na noite de 26 de setembro, uma fonte que havia acabado de falar com o presidente Barrientos transmitiu-me a seguinte mensagem: o Exército boliviano matou Che Guevara e mais três guerrilheiros na região ao norte do Rio Grande, controlada pela 8ª Divisão. Mais tarde, o general Ovando confirmou à mesma

fonte que inúmeros rebeldes haviam sido eliminados durante o dia, mas que não tinha certeza de que Che estivesse entre os mortos [...]. Por meio dos canais de inteligência, estou tentando verificar as notícias sobre a sorte de Guevara [...].
(TELEGRAMA DO EMBAIXADOR HENDERSON AO DEPARTAMENTO DE ESTADO, CONFIDENCIAL, 27 DE SETEMBRO DE 1967, 13H25, NARA)

Segundo um comunicado divulgado pelo governo boliviano, os corpos dos guerrilheiros mortos ontem foram identificados como pertencentes ao líder boliviano "Coco" Peredo e ao cubano "Antonio". [...] Mais tarde, o subsecretário das Relações Exteriores boliviano, Montenegro, declarou que o terceiro rebelde a morrer foi um cubano, "Julio".[75]
(TELEGRAMA DO EMBAIXADOR HENDERSON AO DEPARTAMENTO DE ESTADO, CONFIDENCIAL, 27 DE SETEMBRO DE 1967, 21H48, NARA)

[...] O presidente Barrientos negou publicamente os boatos (que circularam há várias semanas) segundo os quais a Bolívia teria solicitado a intervenção de tropas estrangeiras. Num país ultranacionalista como este, de fato, convidar um país estrangeiro a trazer suas tropas em território nacional equivaleria a detonar dinamite [...]. De todo modo, a notícia de que o Exército boliviano (em 31 de agosto) arrasou toda a retaguarda da guerrilha (composta por oito homens)[76] deveria redimensionar a questão da intervenção militar dos países vizinhos.
(TELEGRAMA DO EMBAIXADOR HENDERSON AO DEPARTAMENTO DE ESTADO, SECRETO, 30 DE SETEMBRO DE 1967, 17H10, NARA)

75 "26 de setembro. [...] Às 13h30, aproximadamente, os tiros ouvidos [...] anunciaram que os nossos tinham caído em uma emboscada [...] Miguel, Coco e Julio haviam caído." Cf. *Diário do Che na Bolívia*, cit., p. 212-213 / "27 de setembro [...] tínhamos enfrentado a companhia Galindo [...] nossas baixas foram muito grandes desta vez." Idem, p. 214 / "28 de setembro. [...] fizeram circular a notícia de minha morte, mas depois desmentiram." Idem, p. 214.

76 "30 de setembro. [...] altas fontes do exército anunciaram ter encurralado Che Guevara em uma garganta na selva [...] começou um movimento de soldados. Às 12h, 40 deles, em colunas separadas e de armas em punho passam em destacamentos separados. Resumo do mês [...] estamos numa posição cada vez mais perigosa [...] o exército está mostrando maior eficácia [...] e a massa camponesa não nos ajuda em nada, e se converte em delatora." Cf. *Diário do Che na Bolívia*, cit., pp. 215-216.

*** Outubro ***

"A cerejinha na torta de Barrientos"

[...] Em 8 de outubro, dois rebeldes teriam sido apanhados gravemente feridos (entre eles estaria Che), logo após um tiroteio que durou seis horas, entre o 2º Batalhão de *rangers* e a guerrilha (7 quilômetros ao norte de La Higuera). Mais três subversivos teriam sido mortos. O Exército perdeu dois soldados (os feridos são seis). Parece que o general Ovando está se dirigindo a Vallegrande, chefiando o grupo que deverá identificar os insurgentes mortos e os capturados. Confirma-se, assim, a convicção do Exército boliviano, segundo a qual Che Guevara foi capturado gravemente ferido ou doente.[77] Entre os mortos, devem estar os cubanos "Antonio" e "Arturo". Também teria sido capturado o boliviano "Willy" (identificado como Simón Cuba). [...] O transporte dos cadáveres e dos feridos para Vallegrande foi adiado para hoje. O Exército boliviano julga que os *rangers* tenham capturado na armadilha de um desfiladeiro os guerrilheiros sobreviventes [...].

(TELEGRAMA DO EMBAIXADOR HENDERSON AO DEPARTAMENTO DE ESTADO, CONFIDENCIAL, 9 DE OUTUBRO DE 1967, 14H24, NARA)

Às 10h, o presidente Barrientos comunicou a um grupo de jornalistas que Che Guevara está morto. Barrientos também pediu aos repórteres que não divulgassem a notícia até segunda ordem. Não há, por enquanto, maiores detalhes.[78]

(TELEGRAMA DO EMBAIXADOR HENDERSON AO DEPARTAMENTO DE ESTADO, 9 DE OUTUBRO DE 1967, 15H02, NARA)

Certamente será de seu interesse a informação de acordo com a qual os bolivianos capturaram Che Guevara. A notícia ainda não foi confirmada. A unidade boliviana empenhada em campo é a mesma que treinamos por certo período (tinha entrado em ação havia pouco tempo) [...].

(RELATÓRIO DE WALTER ROSTOW AO PRESIDENTE LYNDON B. JOHNSON, WASHINGTON, SECRETO, 9 DE OUTUBRO DE 1967, 18H10, LBJ LIBRARY)

[...] Hoje, dia 9 de outubro, Che Guevara faleceu em decorrência dos ferimentos sofridos.[79]

(TELEGRAMA DO EMBAIXADOR HENDERSON AO DEPARTAMENTO DE ESTADO, SECRETO, 9 DE OUTUBRO DE 1967, 22H10, NARA)

77 Che, nesse momento, estava somente com ferimento nas pernas, sem gravidade.

78 Esse foi o início de uma grande mentira que durou alguns anos, com a conivência da CIA e do governo norte-americano. Che foi capturado em combate no dia 8 de outubro e assassinado no dia seguinte, nas dependências de uma escola, em La Higuera.

79 O embaixador dos EUA na Bolívia, Henderson, manipulado pelo governo boliviano e pela CIA, entoa a mentira oficial.

[...] Além de Che,[80] os guerrilheiros mortos são Arturo, Antonio e Willy (e mais dois ainda não identificados). [...] Está sendo realizada a conservação do cadáver de Guevara. Também serão colhidas suas impressões digitais. [...] Segundo o general Ovando, as forças restantes da guerrilha são lideradas por "Inti" Peredo.
(TELEGRAMA DO EMBAIXADOR HENDERSON AO DEPARTAMENTO DE ESTADO, SECRETO, 10 DE OUTUBRO DE 1967, 14H33, NARA)

A agência Reuters divulgou a seguinte versão sobre a chegada a Vallegrande do cadáver de Che: "Tão logo o corpo foi transportado do aeroporto a um hangar transformado em morgue, um homem calvo e bastante robusto, vestindo um macacão mimético verde, tentou impedir os jornalistas de verem o cadáver. Embora não identificado, o homem (de cerca de 35 anos) parecia dirigir as operações. Dizem que é um exilado cubano (Ramos) que trabalha para a CIA."[81] O artigo acrescenta que, a certa altura, Ramos gritou em inglês: "Todos fora daqui!", mas que depois, pressionado em inglês pelos jornalistas presentes, afirmou não falar nossa língua. Se houver perguntas a respeito disso, o Departamento de Estado não dará qualquer declaração.
(TELEGRAMA DO DEPARTAMENTO DE ESTADO À EMBAIXADA NORTE-AMERICANA DE LA PAZ, CONFIDENCIAL, 10 DE OUTUBRO DE 1967, 22H34, NARA)

Segundo Montenegro, o presidente Barrientos confirmou ao ministro das Relações Exteriores (às 16h30 de 10 de outubro) que o cadáver em questão foi identificado como sendo o de Ernesto Guevara. [...] Quando Che foi apanhado, estava mortal mente ferido. Nas palavras do comandante da 8ª Divisão, Zenteno Anaya, por essa razão foi impossível realizar um interrogatório. Ainda segundo Zenteno, na hora da captura Guevara teria dito as seguintes palavras: "Sou Che Guevara. Eu fracassei." Seu diário (contendo as provas de que Debray participou da "missão guerrilheira") foi encontrado dentro de uma mochila. [...] Os outros mortos também foram identificados: Anueto e Willy (bolivianos); Arturo, Antonio e Pancho (cuba-

80 "7 de outubro – Completaram-se 11 meses de nossa estréia guerrilheira, sem complicações, bucolicamente [...] O Exército divulgou uma estranha informação sobre a presença de 250 homens em Serrano, para impedir a passagem dos que estavam cercados, em um total de 37, dando como zona de nosso refúgio o trecho entre o rio Acero e Oro. A notícia parece diversionista." Cf. *Diário do Che na Bolívia*, cit., p. 220.

81 Ramos é o codinome do cubano Félix Ismael Rodríguez Mendigutia (1941, Havana), militante anticastrista dos quadros da CIA. É famoso por seu envolvimento na invasão da Baía dos Porcos e na caça e execução de Che Guevara, quando, então, chefiou a equipe da CIA na Bolívia. Publicou o livro *Shadow Warrior – The Cia Hero of a Hundred Unknow Battles* – Editora Simon and Shuster, NY, 1989.

nos); *El Chino* (peruano). [...] Segundo fontes militares, os guerrilheiros ativos no mês de março eram cerca de cinqüenta. Entre eles, 33 foram mortos, sete foram capturados e nove continuam combatendo na região de Higueras: Inti, Nato, Pablo, Chapaco, Urbano, Benigno, Eustaquio, Dario, Pombo. [...] Uma fonte militar nos informou que o governo boliviano pretende dividir os 50 mil pesos de recompensa pela captura de Che entre os *campesinos* e os outros moradores da região, que ajudaram o Exército a perseguir os rebeldes nas últimas semanas.
(TELEGRAMA DO EMBAIXADOR HENDERSON AO DEPARTAMENTO DE ESTADO, CONFIDENCIAL, 11 DE OUTUBRO DE 1967, 13H28, NARA)

Os rebeldes apoiados por Cuba foram quase todos aniquilados pelas recentes operações do Exército boliviano. Nas últimas três semanas, as Forças Armadas obtiveram uma série de sucessos contra a guerrilha. No último confronto, pelo menos sete insurgentes foram mortos. Um deles foi (provavelmente) identificado como Ernesto Che Guevara. O Exército boliviano julga que os subversivos sobreviventes foram cercados e logo serão aniquilados. A derrota da guerrilha é um golpe fatal para Fidel Castro. Embora seja improvável que isso enfraqueça sua determinação em fomentar a luta armada no hemisfério ocidental, este revés decerto contribuirá para esfriar o entusiasmo de muitos extremistas latino-americanos [...].
(NOTICIÁRIO DA CIA, SECRETO, 11 DE OUTUBRO DE 1967, NARA)

Durante o conflito, parece que os contatos propagandísticos entre a guerrilha e a população local foram escassos. Uma vez que a notícia da presença dos subversivos se tornou pública, até mesmo o aparato de apoio urbano (recentemente descoberto em La Paz) teve dificuldades para entrar em contato com os rebeldes. Os insurgentes capturados e os desertores falaram sobre a contínua falta de suprimentos, da fome crônica, de doenças debilitantes e do desabamento do moral, sobretudo no período que vai do incidente em Samaipata (6 de julho, o ponto mais alto da eficiência guerrilheira) à eliminação da retaguarda rebelde pelas mãos do Exército boliviano (31 de agosto, o aparente início do fim). [...] Outro fator crucial da derrota foi o papel desempenhado pelos poucos *campesinos* daquela região. Os teóricos da revolução objetivavam desfrutar do latente sentimento antigovernista dos locais. Na verdade, tudo leva a crer que os insurgentes pretendiam "estabelecer-se" no território e construir uma "base boliviana" para uma insurreição em grande estilo, que deveria começar não antes do final de 1967. É claro que o cronograma dos rebeldes foi atrapalhado por terem sido prematuramente descobertos pelo Exército, em março de 1967.[82] Embora já estivessem ativos havia quatro meses, está claro que os guerrilheiros não conseguiram recrutar nem sequer um *campesino* naquela região. Os agricultores costumavam vender seus produtos aos rebeldes (que pagavam muito bem) e também é provável que tenham trabalhado ocasionalmente para eles como guias. Mas, em todos os relatos dos insurgentes que caíram nas mãos do Exército, o *campesino* não passa de um ator mudo (e passivo) do drama. O agricultor boliviano da região a leste de Chuquisaca (e a sudoeste de Santa Cruz) é um ser muito mais primitivo do que o camponês cubano de 1959. Ele protege com esmero seus interesses e é desconfiado para com os intrusos, sejam eles forasteiros ou representantes do governo. [...] De sua parte, não há uma tradição forte de rebelião contra os proprietários de terras. Além disso, numa região onde a peste bubônica parece ter sido temporariamente debelada, ele não tem diante de seus olhos nenhum exemplo de vida melhor contra o qual se atirar. Na quase totalidade dos casos, o *campesino* desconhece totalmente a malícia e a sofisticação existentes na política. Nessa situação, e de modo interessado, cooperou tanto com os guerrilheiros quanto com o Exército. A recente caça às facções guerrilheiras parece ter sido inteiramente realizada com o apoio de guias e informantes *campesinos*. [...] Um aspecto curioso e muito pouco profissional (que contribuiu para que muitas dúvidas fossem levantadas pelos correspondentes estrangeiros quanto aos reais objetivos da aventura guerrilheira) foi a preocupação dos insurgentes em conservar diários, fotos e testemunhos de diversos tipos. Seu

82 Inúmeros documentos, notadamente o do embaixador Henderson a Washington em 16.03.67 (ver nessa edição), dizem que os guerrilheiros capturados, Vicente Rocabada Terrazas e Pastor Barrera Quintana, disseram tudo o que sabiam aos militares bolivianos.

achado levou à descoberta do aparato de apoio logístico de La Paz e forneceu informações importantes ao Exército boliviano. Evidentemente, os rebeldes estavam convencidos de que representavam o futuro e que estavam registrando uma série de eventos históricos. Em suas mentes, uma empreitada dessa dimensão não podia sofrer uma derrota tão dramática e repentina: pode-se supor, portanto, que a operação estivesse em fase de constituição na hora de seu primeiro "contato" com o Exército[83] (ocorrido em 23 de março último). Parece que boa parte das fotos publicadas pela imprensa teria sido tirada nos primeiros três meses deste ano (logo depois, com efeito, houve muito pouco tempo para fotografias em pleno "estilo piquenique"). Os autores dos diários (inclusive Che), no entanto, continuaram a escrever [...].[84] Os chefes da guerrilha eram tão prisioneiros de sua ideologia e de suas experiências anteriores que entreviam uma semelhança entre a Sierra Maestra e Nancahuazu. Mas não eram "super-homens". Por isso, o erro (humano) de terem deixado para trás tamanha quantidade de provas e testemunhos parece mais compreensível.
(RELATÓRIO DO EMBAIXADOR HENDERSON AO DEPARTAMENTO DE ESTADO, CONFIDENCIAL, 11 DE OUTUBRO DE 1967, NARA)

[...] O presidente Barrientos comunicou-me hoje que as Forças Armadas bolivianas pretendem prosseguir com a cremação dos cadáveres dos rebeldes mortos (inclusive aqueles sepultados em Vallegrande), provavelmente para evitar que surja um "santuário" da guerrilha [...].
(TELEGRAMA DO EMBAIXADOR HENDERSON AO DEPARTAMENTO DE ESTADO, CONFIDENCIAL, 12 DE OUTUBRO DE 1967, 15H07, NARA)

[...] O argentino Ernesto Che Guevara, braço direito de Fidel Castro e chefe guerrilheiro da Sierra Maestra, autor de um livro sobre a guerra de guerrilha, outrora presidente do Banco Nacional de Cuba e depois ministro da Indústria, desapareceu misteriosamente em março de 1965. Os boatos diziam que estava doente ou que fora condenado à morte por Fidel Castro.

83 Na "análise do mês" de março, Che faz uma anotação ligeira, mas de grande importância, em função desse choque prematuro entre guerrilheiros e o Exército: "[...] teremos que nos colocar em marcha antes do que eu pensava." Cf. *Diário do Che na Bolívia*, cit., p. 107.

84 Além de Che, os guerrilheiros que mantinham regularmente um diário são Israel Reyes Zayas (Braulio), Harry Antonio Villegas Tamayo (Pombo) e Eliseo Reyes Rodríguez (Rolando).

Fora visto na República Dominicana durante a guerra civil, e também no Vietnã e no Congo. Em outubro de 1965, Fidel anunciou que Che tinha renunciado à cidadania cubana e que partira para servir à causa revolucionária em outros países. [...] Mas até pouco tempo atrás, não havia provas substanciais de que ainda estivesse vivo [...]. A morte de Che Guevara constitui a cerejinha na torta do presidente boliviano René Barrientos e marca o fim da guerrilha como ameaça à estabilidade do país andino. [...] Em Cuba, Che será elogiado como o revolucionário modelo que encontrou uma morte heróica. Sua conduta exemplar será contraposta aos "covardes ociosos" da velha guarda dos partidos comunistas e aos "pseudo-revolucionários" latino-americanos. As teorias de Castro, Guevara e Debray continuarão sendo consideradas válidas enquanto será enfatizada a natureza permanente da luta. Naturalmente, a culpa pela morte de Che será atribuída aos vilões de sempre (o imperialismo norte-americano, os Boinas Verdes – as forças antiguerrilha estadunidense – e a CIA), com uma referência de passagem aos "lacaios" bolivianos [...].
(RELATÓRIO DO DEPARTAMENTO DE ESTADO, SECRETO, 12 DE OUTUBRO DE 1967, NARA)

O Exército boliviano informou a nosso adido militar que cinco soldados do 2º Batalhão de *rangers* foram mortos numa série de tiroteios com as forças sobreviventes da guerrilha, entre as 13h de 12 de outubro e as 4h de 13 de outubro. Não há confirmação de mortos entre os rebeldes. O local da ação fica 10 quilômetros ao nordeste de Higueras.
(TELEGRAMA DO EMBAIXADOR HENDERSON AO DEPARTAMENTO DE ESTADO, CONFIDENCIAL, 13 DE OUTUBRO DE 1967, 22H05, NARA)

Muito provavelmente, a morte de Che Guevara constitui um golpe mortal às operações de guerrilha em andamento na Bolívia. [...] Mas até a situação não se mostrar mais clara, é preciso evitar posturas eufóricas a longo prazo. Os insurgentes continuarão sendo um grande problema para este país, onde persiste uma instabilidade política crônica. Além disso, duvida-

85 Essa declaração foi o ponto alto da preparação da versão falsa sobre as condições da morte de Che, que, naquele momento, estava somente com um ferimento na perna esquerda, sobre o qual o coronel Zenteno faz referência.

mos que os acontecimentos bolivianos possam influir de modo significativo sobre as guerrilhas em andamento em outros países latino-americanos, ao menos a curto prazo. [...] Havana poderia tentar amenizar o golpe pintando Che como um mártir de "nossa intervenção". Por conseguinte, todas as sedes diplomáticas norte-americanas deverão se abster de comentar "nossos méritos" na derrota dos rebeldes. Isso daria aos comunistas a "prova" de que Guevara foi vítima dos Boinas Verdes, dos instrutores militares norte-americanos e da CIA. A vitória sobre a guerrilha deveria ser considerada cem por cento boliviana, ressaltando entre outras coisas a reticência dos *campesinos* em apoiar a intervenção castro-comunista [...]. Enfim, é preciso avaliar atentamente toda informação relacionada às possíveis ações de Castro, que tem por objetivo recuperar as perdas sofridas ou organizar represálias para com cidadãos ou homens de negócios dos Estados Unidos [...].
(CIRCULAR ENVIADA PELO DEPARTAMENTO DE ESTADO ÀS SEDES DIPLOMÁTICAS NORTE-AMERICANAS NA AMÉRICA LATINA, CONFIDENCIAL, 13 DE OUTUBRO DE 1967, NARA)

Durante uma coletiva de imprensa que se deu em 10 de outubro em Vallegrande, o coronel Joaquín Zenteno Anaya forneceu as seguintes declarações: em 8 de outubro, Che Guevara foi gravemente ferido num tiroteio ocorrido 7 quilômetros ao norte de Higueras e, naquela mesma tarde, foi levado a esta cidade; ferido no peito e na perna esquerda, veio a falecer, provavelmente devido às lesões do tórax;[85] os soldados bolivianos (que transportaram o prisioneiro do lugar do confronto até Higueras) ignoravam sua identidade; não foi possível interrogá-lo, pois não havia pessoal especializado para a tarefa; [...] foram colhidas suas impressões digitais, que resultaram idênticas às registradas quando ele deixou a Argentina na condição de médico; as impressões provam que o cadáver no necrotério de Vallegrande pertence a Che; [...] seu diário (de próprio punho) se inicia na área de Nancahuazu, em 7 de novembro de 1966, e termina em 7 de outubro de 1967. [...] Em resposta a uma pergunta sobre a CIA (que estaria investigando documentos

seqüestrados), o coronel Zenteno disse que "até o momento, só elementos nacionais auxiliam o Exército boliviano. Não tenho conhecimento da presença de outros" [...].
(RELATÓRIO DO EMBAIXADOR HENDERSON AO DEPARTAMENTO DE ESTADO, CONFIDENCIAL, 13 DE OUTUBRO DE 1967, NARA)

Em 13 de outubro, com o objetivo de dissipar as dúvidas da imprensa estrangeira em relação à identidade do líder guerrilheiro morto na semana passada ("identificado" pelo governo boliviano como Che Guevara), o presidente Barrientos anunciou que seu governo está pronto para colocar à disposição dos investigadores um polegar amputado do cadáver. [...] Os céticos afirmam que pareceu suspeita a cremação do corpo antes que ele pudesse ser identificado por Roberto Guevara (irmão de Che), que em 13 de outubro visitou, breve e infrutiferamente, Vallegrande. [...] Além disso, parece estranho o comportamento do Exército boliviano ao falar do "diário de guerra" de Guevara [...].[86]
(TELEGRAMA DO EMBAIXADOR HENDERSON AO DEPARTAMENTO DE ESTADO, CONFIDENCIAL, 14 DE OUTUBRO DE 1967, 16H15, NARA)

Segundo um comunicado das Forças Armadas bolivianas, quatro guerrilheiros foram mortos durante um tiroteio ocorrido na confluência entre o Rio Grande e o Rio Misque (25 quilômetros a sudoeste de Vallegrande). [...] Trata-se de Mogambo (cubano), Eustaquio (peruano), Chapaco (peruano) e Pablo (boliviano) [...].
(TELEGRAMA DO EMBAIXADOR HENDERSON AO DEPARTAMENTO DE ESTADO, CONFIDENCIAL, 15 DE OUTUBRO DE 1967, 15H10, NARA)

O correspondente regional da UPI, Carlos Villaborda (proteger a fonte), que acompanhou a vicissitude de Che Guevara na Bolívia, transmitiu-nos ontem algumas informações confidenciais. O jornalista soube pelo responsável da CBS na Bolívia que a rede de TV possui um vídeo que seria "a prova do envolvimento da CIA na captura e na execução de Che Guevara". A CBS teria, ainda, as fotos e os nomes dos agentes em questão (dois norte-americanos e pelo menos um cubano).[87] Juntamente com

86 Na manhã de 9 de outubro, em La Higuera, o agente da CIA Ramos (Félix Rodríguez) fotografou, página por página, o diário de Che.

87 Trata-se do já mencionado Félix Rodríguez, de codinome Ramos.

88 Organização dos Estados Americanos.

outros jornalistas, Villaborda está fortemente convencido de que um ou mais homens da CIA (provavelmente de origem cubana) estavam presentes no espaço de tempo que vai da captura de Guevara à chegada de seu cadáver em Vallegrande. Pelo que se sabe, somente a CBS está divulgando tal versão. Além disso, o assessor de imprensa do presidente boliviano, Hector Mejía, teria confessado a Villaborda que alguns especialistas da inteligência norte-americana foram recolher e analisar o material visual ilustrado, em 22 de setembro, durante a reunião da OEA[88] em Washington (e, ao mesmo tempo, numa coletiva de imprensa em La Paz), com o objetivo de demonstrar a presença de Che na Bolívia. Assim como no passado recente, é nossa intenção nos entrincheirar em um *no comment* a respeito (a menos que não cheguem indicações de outro tipo). Enfim, é impossível eu identificar as pessoas que, esta noite, deixaram a Bolívia a bordo de um avião militar norte-americano.
(TELEGRAMA DO EMBAIXADOR HENDERSON AO DEPARTAMENTO DE ESTADO, SECRETO, 16 DE OUTUBRO DE 1967, 3H50, NARA)

Se solicitado, o Departamento de Estado pretende emitir a seguinte declaração: "O governo boliviano enviou-nos as impressões digitais de um dos guerrilheiros mortos na Bolívia, identificadas como as de Ernesto Guevara. Nós as comparamos com as suas digitais (em nosso poder há muitos anos), chegando à conclusão de que pertencem à mesma pessoa." No caso de surgirem questões sobre a postura norte-americana em relação à identificação do cadáver de Che, a Embaixada está autorizada a utilizar a declaração acima.
(TELEGRAMA DO DEPARTAMENTO DE ESTADO À EMBAIXADA NORTE-AMERICANA DE LA PAZ, CONFIDENCIAL, 16 DE OUTUBRO DE 1967, 19H39, NARA)

[...] A reação mais grotesca (à morte de Che) foi a do presidente do Senado chileno, o socialista (e filocubano) Salvador Allende. Com efeito, na semana passada, solicitou oficialmente às autoridades bolivianas que os restos mortais de Ernesto Guevara fossem entregues pessoalmente a ele. Por essa razão, no Chile,

Allende, agora, é objeto de zombaria [...].[89]
(TELEGRAMA DA EMBAIXADA NORTE-AMERICANA DE SANTIAGO DO CHILE AO DEPARTAMENTO DE ESTADO, CONFIDENCIAL, 16 DE OUTUBRO DE 1967, 23H15, NARA)

Podemos afirmar com certeza (99%) que Che Guevara realmente está morto. [...] Segundo as últimas notícias que a CIA nos forneceu, Che foi capturado vivo. Após um breve interrogatório para estabelecer sua identidade, o chefe das Forças Armadas bolivianas, general Ovando, ordenou sua execução. A meu ver, foi um gesto tolo, embora compreensível do ponto de vista boliviano. [...] A morte de Guevara nos leva às seguintes considerações: marca o fim do enésimo revolucionário agressivo e romântico (do gênero de Sukarno,[90] Nkrumah[91] e Ben Bella[92]); no contexto latino-americano, irá dissuadir a ação de novos e potenciais guerrilheiros; demonstra a eficácia de nossa assistência ("medicina preventiva") aos países que enfrentam um princípio de revolta. De fato, foi o 2º Batalhão de *rangers* (treinado pelos Boinas Verdes entre junho e setembro desse ano) a prender em armadilha e capturar Guevara. Comunicamos estas reflexões a inúmeros jornalistas.
(RELATÓRIO DE WALTER ROSTOW AO PRESIDENTE LYNDON B. JOHNSON, WASHINGTON, SECRETO, 17 DE OUTUBRO DE 1967, 10H30, LBJ LIBRARY)

Em 16 de outubro, o Estado-Maior das Forças Armadas bolivianas forneceu o seguinte comunicado (juntamente com alguns anexos) sobre a morte de Che: "[...] Ernesto Guevara caiu nas mãos de nossas tropas: estava gravemente ferido e em pleno poder de suas faculdades mentais. Logo após o tiroteio, ele foi levado para a cidade de La Higuera por volta das 20h do domingo, 8 de outubro. Ali, morreu em razão dos ferimentos sofridos. A bordo de um helicóptero, seu cadáver foi transportado à cidade de Vallegrande, às 16h de segunda-feira, 9 de outubro [...]." Comentário: [...] os documentos divulgados não fornecem uma resposta plausível às especulações públicas sobre quando e de que modo Che morreu. Vale notar que nem a certidão de óbito nem o laudo da autópsia informam a hora do fale-

89 Eleito presidente do Chile em 1970, o socialista Salvador Allende (1908-1973) foi deposto, em setembro de 1973, por um sangrento golpe de Estado liderado pelo general Augusto Pinochet e apoiado pelos Estados Unidos.

90 Por vinte anos à frente da luta independentista contra o império holandês, Ahmed Sukarno (1901-1970) presidiu a Indonésia de 1945 a 1967.

91 Líder anticolonialista africano, Kwame Nkrumah (1909-1972) liderou o movimento pela independência de Gana, alcançada em 1957. Tornou-se o primeiro presidente do país. Em 1966, foi deposto por um golpe militar.

92 Mohamed Ahmed Ben Bella (1918) foi um dos principais líderes na luta da Argélia pela independência. Foi um dos fundadores da Frente de Libertação Nacional (FLN) e, vitorioso o movimento, tornou-se presidente do país, em 1963. Em 1965, é deposto por um golpe de Estado, encabeçado por Houari Boumedienne.

cimento (os médicos teriam declarado aos jornalistas que Guevara morreu poucas horas antes da autópsia, executada no fim da tarde de 9 de outubro). Nem sequer o comunicado do Exército faz qualquer menção à hora do falecimento, indicando apenas que este ocorreu entre as 20h de 8 de outubro e as 16h de 9 de outubro. Estamos diante de uma provável tentativa de aniquilar as diferenças entre uma série de declarações conflitantes fornecidas num primeiro momento pelo Exército (desde as afirmações de que Che teria morrido durante ou logo após o tiroteio até as que sugerem que ele teria sobrevivido por mais 24 horas). E ainda: os primeiros relatórios divulgados na semana passada afirmam que Guevara foi capturado com ferimentos leves, ao passo que os últimos relatam que ele sofreu lesões múltiplas e graves de arma de fogo [...].
(RELATÓRIO DO EMBAIXADOR HENDERSON AO DEPARTAMENTO DE ESTADO, CONFIDENCIAL, 18 DE OUTUBRO DE 1967, NARA)

Os abaixo-assinados (respectivamente, o diretor do hospital "Nossa Senhora de Malta" e um clínico geral) certificam que na data de segunda-feira, 9 de outubro de 1967, às 17h30, foi aqui transferido o cadáver de um indivíduo que responde pelo nome (segundo as autoridades militares) de Ernesto Guevara Lynch. Idade aproximada: 40 anos. Constata-se que a morte foi causada por lesões múltiplas causadas por projétil no tórax e nos membros. No cadáver acima descrito foi injetado formol.
(ANEXO Nº 1 AO RELATÓRIO DE 18 DE OUTUBRO DE 1967: CERTIDÃO DE ÓBITO REDIGIDA PELO PROFESSOR MOISÉS ABRAHAM BAPTISTA E PELO DOUTOR JOSÉ MARTINEZ CASO, VALLEGRANDE, 10 DE OUTUBRO DE 1967)

Necropsia no corpo de Che: nove buracos de bala

Conforme as disposições do Exército, deu-se andamento à necropsia do cadáver identificado como pertencente a Ernesto Guevara. Idade aproximada: 40 anos. Raça: branca. Altura: cerca de 1 metro e 73 centímetros. Cabelos: castanhos ondulados. Barba e bigodes: longos (ondulados). Sobrancelhas: grossas. Nariz: regular. Lábios: finos. Boca: semi-aberta. Dentição:

em bom estado, com traços de nicotina (o pré-molar inferior esquerdo está semi-arrancado). Olhos: ligeiramente azuis. Constituição: regular. Extremidades: pés e mãos bem conservados (uma cicatriz atravessa quase inteiramente o dorso da mão esquerda). Num primeiro exame, constatam-se as seguintes lesões por arma de fogo: 1) buraco de entrada na região clavicular esquerda (buraco de saída na região homolateral); 2) buraco de entrada na região clavicular direita (com fratura da mesma, sem buraco de saída); 3) buraco de entrada no hemitórax direito (sem buraco de saída); 4) dois buracos de entrada no hemitórax esquerdo (dois buracos de saída na região dorsal); 5) buraco de entrada na região peitoral esquerda (entre a nona e a décima costelas, com buraco de saída na região lateral esquerda); 6) buraco de entrada no terço médio-inferior da coxa direita; 7) buraco de entrada no terço médio-inferior da coxa esquerda; 8) buraco de entrada no terço médio-inferior do antebraço direito, com fratura do cúbito. Aberta a cavidade torácica, evidencia-se que a ferida no ponto 1 lesionou ligeiramente o vértice do pulmão esquerdo; a ferida no ponto 2 lesionou a artéria subclávia (o projétil alojou-se na segunda vértebra dorsal); a ferida no ponto 3 atravessou o pulmão direito (o projétil se alojou na articulação costovertebral da nona costela); as feridas no ponto 4 lesionaram ligeiramente o pulmão esquerdo; a ferida do ponto 5 atravessou o pulmão esquerdo numa trajetória tangencial. As cavidades torácicas (sobretudo a direita) apresentam abundante aglomeração de sangue. Aberto o abdômen, não se constata qualquer lesão traumática (evidenciamos somente uma distensão causada pelos gases e por líquido citrino). A morte foi causada pelas lesões no tórax e pela conseqüente hemorragia.
(ANEXO Nº 2 AO RELATÓRIO DE 18 DE OUTUBRO DE 1967: LAUDO PERICIAL DE AUTÓPSIA REDIGIDO PELO PROFESSOR MOISÉS ABRAHAM BAPTISTA E PELO DOUTOR JOSÉ MARTINEZ CASO, VALLEGRANDE, 10 DE OUTUBRO DE 1967)

Na cidade de La Paz, a pedido do governo boliviano, três representantes da Polícia Federal argentina (um perito em caligrafia e dois peritos em datiloscopia[93]) chegaram ao quartel-general do Exército boliviano para colaborar num caso de identificação.

93 São eles Nicolás Pellicari, subinspetor e datiloscopista da Polícia Federal Argentina, e Juan Carlos Delgado, subinspetor, ambos do corpo de Polícia Científica. E, ainda, o inspetor Esteban Rolzhauer.

94 A edição do *Diário do Che na Bolívia* tem como primeiro registro o dia 7 de novembro de 1966.

Foi-lhes mostrada uma pequena bacia de metal contendo duas mãos amputadas, imersas numa solução líquida (aparentemente, formol). Em seguida, os peritos em datiloscopia aplicaram o método "Juan Vucetich" (utilizado na Argentina, consiste em traçar esboços papilares), mas o líquido havia provocado o enrugamento das polpas dos dedos, de tal forma que se tornou impossível prosseguir. Então, deu-se início à obtenção das impressões digitais em folhas de polietileno (e, em alguns casos, em pequenas lâminas de látex), para que fossem enviadas ao Departamento de Identificações da polícia argentina para exames adicionais. Em seguida, os peritos compararam as dez impressões digitais assim obtidas com as presentes no prontuário do documento de identidade argentino nº 524.272 de Ernesto Guevara, estabelecendo, sem sombra de dúvida, que pertenciam à mesma pessoa. Foram então conferidas as impressões digitais colhidas de Guevara em Vallegrande (em 9 de outubro), obtendo-se o mesmo resultado. Então foi a vez do perito em caligrafia, que deu andamento ao exame de dois cadernos em boas condições. A capa do primeiro tinha escrito um ano ("1967") e algumas palavras impressas na parte interna: "Carl Klippel, Kaiserstrasse 75, Frankfurt A. M". e "Harstellung Bayer & Schosider, Neilbreun A. N." Estava escrito à mão (de 1º de janeiro de 1967[94] a 7 de outubro de 1967). Considerando o período da escrita, a escrita em si e os "sinais" dela, o perito estabeleceu que eram idôneos para uma comparação formal (intrínseca e extrínseca) no âmbito do método grafológico identificador. O perito passou, em seguida, ao exame das características grafológicas do segundo caderno (44 páginas), intitulado "Elba 66509", verificando uma regularidade suficiente para determinar que estávamos diante das mesmas características reproduzidas na (assinatura presente na) carteira de identidade argentina de Guevara. Cópias de todos os materiais foram enviadas à polícia argentina para um exame adicional.

(ANEXO AO RELATÓRIO DE 18 DE OUTUBRO DE 1967: RELATÓRIO DA POLÍCIA ARGENTINA REDIGIDO PELOS PERITOS ESTEBAN BELZHAUSER E JUAN CARLOS DELGADO, LA PAZ, 14 DE OUTUBRO DE 1967)

[...] A imprensa latino-americana de esquerda começou a canonização de Che Guevara, agora comparado a Bolívar, El Cid e Espártaco [...].
(RELATÓRIO DO DEPARTAMENTO DE ESTADO, SECRETO, 18 DE OUTUBRO DE 1967, NARA)

[...] Fidel Castro não admite que suas teorias revolucionárias tenham sido derrubadas pelo fracasso de Che Guevara. Ele continua considerando a experiência cubana como uma revolução camponesa, na qual a contribuição da classe média urbana para a queda de um *caudillo* tirânico foi um fator relativamente insignificante.[95] Castro aplica esse modelo à Bolívia. [...] Parece que os cubanos estão preocupados porque seus adeptos na Venezuela, Guatemala e em outras nações latino-americanas poderiam desanimar e aceitar a tese soviética, segundo a qual uma revolução armada não deve ser iniciada enquanto as "condições objetivas" necessárias não tiverem sido plenamente alcançadas [...].
(RELATÓRIO DO DEPARTAMENTO DE ESTADO, CONFIDENCIAL, 19 DE OUTUBRO DE 1967, NARA)

Um despacho de agência, datilografado em Havana na tarde de 18 de outubro, cita o jornal *Juventud Rebelde* (o órgão oficial do movimento juvenil comunista cubano): segundo o jornal, "Che Guevara será vingado, e os desertores que o traíram, punidos". [...] Os ex-guerrilheiros bolivianos Antonio Rodríguez Flores e Vicente Rocabal são definidos como "desertores", acusação que, *de facto*, equivale a uma sentença de morte [...].[96] Portanto, existe a possibilidade de acontecerem represálias com relação à nossa Embaixada (em La Paz) e ao governo boliviano. [...].
(TELEGRAMA DO DEPARTAMENTO DE ESTADO À EMBAIXADA NORTE-AMERICANA DE LA PAZ, CONFIDENCIAL, 19 DE OUTUBRO DE 1967, 21H40, NARA)

Ao enfrentar o tema da morte de Che Guevara, os soviéticos parecem querer evitar: a) aparecer como apoiadores das atividades subversivas de Che, acabando, assim, em choque com os vários governos latino-americanos; b) ignorar sua derrota e per-

95 O *caudillo* em questão é Fulgêncio Batista (1901-1973). Batista foi eleito presidente de Cuba, em 1940, com 60% dos votos. Em 1952, por meio de golpe de Estado, torna-se ditador com a simpatia política dos Estados Unidos e, paralelamente, da máfia americana. Apeado do poder por Fidel Castro, em 1959, fugiu do país e viveu o resto da vida na Espanha.

96 Na realidade, trata-se de Vicente Rocabadas Terrazas e de Pastor Barrera Quintana.

97 Essa série de reportagens, escritas ainda no calor dos acontecimentos, tem notável precisão factual vista de agora, quarenta anos depois de publicada.

98 O codinome do cubano Félix Rodríguez.

99 Após a visita do general William Tope a La Paz, em 2 de maio de 1967, quatro oficiais e 12 soldados norte-americanos chegam à Bolívia sob o comando do major Ralph "Pappy" Shelton, que logo dá início ao treinamento de seiscentos *rangers* bolivianos.

100 Richard Gott (1938), jornalista e historiador. Especialista em América Latina, ele escrevia como *freelance* para o jornal *The Guardian.*

der chão com os grupos radicais latino-americanos. Por conseguinte, a URSS escolheu citar apenas fontes cubanas [...].

(TELEGRAMA DA EMBAIXADA NORTE-AMERICANA DE MOSCOU AO DEPARTAMENTO DE ESTADO, 20 DE OUTUBRO DE 1967, 15H20, NARA)

Em 23 de outubro, o diário comunista chileno *El Siglo* iniciou a publicação de uma série de artigos sobre Che Guevara e a guerrilha boliviana. As matérias são assinadas pelo jornalista Eduardo Labarca, que esteve recentemente na Bolívia.[97] Ele escreve que uma importante fonte oficial de La Paz lhe revelou que a CIA participou da execução de Guevara. O cubano Félix Ramos[98] foi indicado como o agente da CIA presente no local. Além disso, Labarca afirma que a história da cremação do cadáver de Che é falsa e que, na verdade, o corpo está sepultado nas cercanias do necrotério de Vallegrande. Um segundo artigo afirma que o treinamento da contraguerrilha foi realizado pelos Boinas Verdes norte-americanos. Labarca teria entrevistado o seguinte pessoal militar dos Estados Unidos no campo de La Esperanza: o major Ralph Shelton, o sargento E. W. Duffield, o capitão Leroy Mitchell e o sargento Harold Carpenter.[99] *El Siglo* já havia publicado uma entrevista com o professor britânico (residente em Santiago) Richard Gott,[100] que teria visto um agente da CIA (de origem cubana) dirigindo as operações na chegada do cadáver de Che a Vallegrande [...].

(TELEGRAMA DA EMBAIXADA NORTE-AMERICANA DE SANTIAGO DO CHILE AO DEPARTAMENTO DE ESTADO, 24 DE OUTUBRO DE 1967, 21H50, NARA)

[...] O cerne da guerrilha era constituído por Che Guevara e, no período de máxima expansão, por 15 cubanos, por outros revolucionários estrangeiros, por vários veteranos da Sierra Maestra e por comunistas bolivianos treinados em Cuba. O primeiro grupo chegou ao norte da cidade de Camiri, na região sul-oriental da Bolívia, em novembro de 1966. Parece que seu objetivo inicial era o de desenvolver uma força bem treinada e disciplinada, apta a perseguir ou atacar o Exército já a partir de setembro ou outubro de 1967. Após ter adquirido um sítio que devia servir de base logística, o bando se deslocou para o norte (uma região despovoada e inóspita, que se caracteriza por florestas, córregos e desfiladeiros), com o objetivo de se familiarizar com o território. Os guerrilheiros tinham remédios, armas automáticas e equipamentos para comunicação (que lhes permitiam, entre outras coisas, entrar em contato com Cuba via rádio de ondas curtas). Após ter dividido o grupo em vanguarda, centro e retaguarda, os rebeldes organizaram vários acampamentos e pontos de observação, escondendo, ao mesmo tempo, armas e suprimentos. Então, deram início ao patrulhamento da área. A primeira indicação da existência de um bando guerrilheiro se deu no início de março de 1967, quando dois bolivianos[101] (que por um breve período haviam se unido ao grupo) desertaram e foram presos pelas autoridades enquanto tentavam vender um fuzil (roubado no acampamento dos insurgentes). No entanto, continuou-se a avaliar com ceticismo notável seus relatos sobre um bando liderado por cubanos. Mas, em 23 de março, uma patrulha do Exército boliviano topou com uma formação rebelde. O choque armado causou a morte de sete soldados e deixou muitos outros feridos. Alguns militares caíram prisioneiros dos insurgentes. Por conseguinte, o governo começou a considerar mais seriamente a ameaça de um movimento de guerrilha comunista. Outras patrulhas do Exército foram enviadas à região, com resultados desastrosos. Os soldados em serviço militar, mal treinados e mal armados, eram constantemente afugentados por subversivos que pareciam invencíveis. Gritos de zombaria provinham da floresta e, com freqüência, viam-se militares bolivianos abandonando suas armas antiquadas para fugirem. Minado pelos expurgos que se seguiram ao golpe de Estado de 1952, e também pelas derrotas militares que custaram à Bolívia largas partes de seu território, o moral do Exército, já baixo, continuou a cair, sobretudo entre os recrutas. Enquanto isso, os guerrilheiros pareciam ganhar confiança e força. Em julho, com uma manobra audaciosa, conseguiram ocupar, por um dia, a cidade de Samaipata e desarmar a guarnição militar local. Os rebeldes tentavam constituir um apoio popular para sua causa. Batizados de "Exército de Libertação Nacional" (pelo menos pela Rádio Havana), tentavam atrair a simpatia dos *campesinos* da região. Ao pedir comida e suprimentos aos moradores, os

101 Ver nota 95.

guerrilheiros costumavam pagar um preço mais alto em relação ao de mercado. Entre eles, havia médicos que tentavam tratar das crianças dos lugarejos, na tentativa de ganhar a confiança da população. No final de abril, o teórico marxista francês Jules Régis Debray foi capturado, depois de ter ficado várias semanas em um acampamento dos subversivos. Foi então que o movimento chamou a atenção da opinião pública mundial.[102] Debray afirmou que o bando era chefiado e composto por cubanos e por outros guerrilheiros profissionais latino-americanos e que, talvez, Che Guevara estivesse no comando. Suas declarações frisaram a gravidade da ameaça. Aos olhos de quem supunha que Guevara estivesse realmente liderando os rebeldes, o conflito entre Che e o Exército boliviano não pareceu mais uma luta entre iguais. Cada vez mais alarmado, o governo boliviano buscou a ajuda dos Estados Unidos e de alguns países vizinhos (Argentina, Brasil e Peru). O governo norte-americano promoveu um programa de treinamento para a contraguerrilha destinado ao 2º Batalhão de *rangers* bolivianos, que se deslocou para a região dos conflitos em setembro de 1967. Além disso, os Estados Unidos forneceram armas automáticas relativamente modernas e outros equipamentos ao Exército boliviano. Enquanto os rebeldes continuavam tendo êxito nos embates com o Exército, vários dissidentes bolivianos tramavam contra o governo de La Paz. Os partidos de oposição criticavam o presidente Barrientos pela má gestão da emergência. Em junho, os mineradores de Catavi – Siglo XX ofereceram sua solidariedade aos guerrilheiros e, quando o governo enviou as tropas para conter a revolta, pelos menos 16 trabalhadores foram mortos. Além disso, foram colocados na ilegalidade vários partidos comunistas bolivianos: o filosoviético, o filochinês e o trotskista. A gravidade potencial do movimento não escapou aos países vizinhos. Argentina, Paraguai e Peru (e, em menor medida, o Brasil) começaram a planejar os passos necessários para prevenir que, na Bolívia, os comunistas tomassem o poder, pois isso acabaria ameaçando suas fronteiras. Reforçaram-se os patrulhamentos nas regiões próximas às fronteiras argentina, brasileira e paraguaia, enquanto Argentina e Peru sondaram a possibilidade de enviar tropas para auxiliar o Exército boli-

102 No "resumo do mês" (de maio), Che faz anotação nesse mesmo sentido: "A propaganda do caso Debray deu mais beligerância a nosso movimento que dez combates vitoriosos". *Diário do Che na Bolívia*, cit., p. 149

viano na derrota da guerrilha. Paraguai e Argentina planejaram a execução de manobras militares nos arredores de suas fronteiras com a Bolívia, enquanto esta obtinha assistência material da Argentina e do Brasil. A partir de julho, a situação começou a melhorar. Alguns rebeldes foram apanhados ou mortos, enquanto os bolivianos ganhavam terreno nos conflitos armados. O Exército descobriu um campo-base da guerrilha, seqüestrando, ali, inúmeros documentos. Entre eles, algumas fotografias de um sujeito que apresentava forte semelhança com Che Guevara. Além disso, foram encontrados dois passaportes falsos com suas impressões digitais. Esses papéis ajudaram a construir as acusações do governo boliviano contra a intervenção cubana na Bolívia, acusações apresentadas em Washington durante o décimo segundo encontro dos ministros das Relações Exteriores da OEA, em setembro. A primeira e importante vitória militar do governo contra os rebeldes aconteceu em 31 de agosto,[103] quando uma unidade do Exército boliviano armou uma emboscada contra a retaguarda guerrilheira, enquanto esta tentava cruzar o Rio Grande. Dez insurgentes foram mortos. Entre eles, três cubanos, um peruano e diversos bolivianos (um era o militante comunista Moisés Guevara). Graças à sua boa sorte e ao ótimo planejamento da ação, as tropas bolivianas não sofreram nenhuma perda. Em setembro, por causa dos documentos confiscados aos rebeldes, a rede de apoio urbano à guerrilha foi desbaratada em La Paz. Em 26 setembro, um segundo conflito armado provocou inúmeras mortes entre os insurgentes (entre eles, estavam importantes líderes cubanos e bolivianos). No final de setembro, o 2º Batalhão de *rangers* (treinado pelos Estados Unidos) foi enviado à região. Sua primeira vitória foi também a mais espetacular de toda a campanha militar e, provavelmente, assinalou o fim da guerrilha boliviana. Em 8 de outubro, os *rangers* se chocaram contra a facção principal dos subversivos. Cerca de sete rebeldes morreram em batalha (entre eles, Che Guevara[104]). Os últimos relatórios indicavam que apenas um punhado de guerrilheiros (talvez uma dúzia) continuava lutando na tentativa de se afastar da região. Dizia-se, ainda, que tinham obrigado os moradores locais a servirem de guias, na tentativa de furar o cerco promovido pelo

103 Che considera agosto "o pior mês" desde o início da guerrilha. Determinado e esperançoso, ele escreveu que o Exército boliviano não tinha aumentado "nem sua eficácia e nem sua iniciativa". A situação, nesse sentido, seria invertida inteiramente no mês de setembro.

104 O Departamento de Estado desconhece as informações da CIA e do embaixador Henderson de que Che foi capturado vivo, provavelmente na tentativa de prorrogar ao máximo a verdade sobre a morte do guerrilheiro.

Exército. Em retrospectiva, resultam evidentes os inúmeros erros cometidos pela guerrilha, que estava fascinada pelas teses sobre a revolução rural descritas por Debray em seu volume *Revolução na revolução?*, uma síntese romantizada que superestimava os sucessos de Fidel Castro. Segundo Debray, a revolução, em primeiro lugar, tem de confiar na autoridade do movimento guerrilheiro camponês, ao qual acabará aderindo um número cada vez maior de patriotas. A seu ver, é preciso evitar o vínculo formal com os partidos comunistas tradicionais, já que o processo revolucionário da guerrilha terminará produzindo seus próprios líderes. A população local dos *campesinos* será, assim, conquistada e apoiará os insurgentes como os libertadores da opressão imperialista do governo. Mas os *campesinos* não apoiaram o movimento de Che e o conseqüente desastre se transformou num fator crítico. Conservadores, desconfiando dos estrangeiros, proprietários (em boa parte) do pedaço de terra no qual viviam, os *campesinos* não foram abertamente hostis aos guerrilheiros, mas não apoiaram sua causa. Além disso, não raro acontecia de eles denunciarem a presença dos rebeldes às autoridades e, algumas vezes, servirem de guias para o Exército. Em seu diário (seqüestrado durante o choque de 8 de outubro), Che comenta as dificuldades encontradas na tentativa de conquistar os *campesinos* para a causa revolucionária. Além disso, desde o começo pareceu evidente a falta de coordenação entre os guerrilheiros e os partidos comunistas com sede nos centros urbanos. O PC filosoviético e o filochinês apoiaram publicamente o esforço dos insurgentes, mas surgiram controvérsias internas quanto à medida do apoio a ser dado. Então, apareceram ressentimentos sobre o fato de que o movimento revolucionário fosse liderado por cubanos, e não por bolivianos. As hipóteses de promover o terrorismo urbano ou de abrir outras frentes de guerrilha – ações que seguramente teriam colocado o governo em sérias dificuldades – não chegaram a lugar algum. Os guerrilheiros não queriam esse tipo de ajuda, convencidos que estavam de ser a única força da qual a revolução poderia brotar. A mesma falta de coordenação era evidente com relação a outros homens dissidentes, com os quais os rebeldes poderiam ter contado, se quisessem: os estudantes, os mineradores e o proletariado urbano. Mas está claro que a rápida e surpreendente derrota dos mineradores (em junho) pode ter desalentado tanto os guerrilheiros quanto seus potenciais aliados. Outro erro, que o próprio Che reconheceu, foi o papel predominante que os cubanos assumiram no movimento. Não só alimentou o rancor dos comunistas bolivianos, como tornou ainda mais árduo qualquer esforço para a conquista do apoio e da confiança dos *campesinos*. O governo tirou proveito do forte sentimento nacionalista dos bolivianos para enfraquecer a guerrilha. Até mesmo aqueles dissidentes que tendiam a aderir ao movimento no período de seus maiores êxitos militares provavelmente se ofenderam com o jeito "estrangeiro" do bando de Che. Barrientos sempre repetia isso durante a campanha antiguerrilha: "Cuba, um fantoche de uma potência estrangeira (a URSS), tenta, agora, estender seu controle à Bolívia". Por conseguinte, a guerrilha pareceu aos olhos dos cidadãos um movimento cada vez menos ligado ao país, mais uma aventura agressiva financiada por um governo estrangeiro do que o produto das injustiças e da pobreza. Quando essa argumentação se espalhou, boa parte da mística romantizada dos insurgentes veio a faltar. Sem a proteção e o auxílio dos camponeses (especialmente em relação aos alimentos, que sempre faltavam) e obrigados a combater unicamente com suas forças numa área delimitada, o destino do movimento pareceu selado. Até mesmo um exército fraco como o boliviano foi capaz de cercar e derrotar os rebeldes, já que a razão numérica exército-guerrilha já era de trinta para um [...].

(RELATÓRIO DO DEPARTAMENTO DE ESTADO, SECRETO, 27 DE OUTUBRO DE 1967, NARA)

*** Novembro/Dezembro ***

O cerco e o assassinato de Che Guevara

Após ter homenageado o carisma revolucionário de Ernesto Che Guevara, a imprensa soviética se prepara agora para utilizar sua morte a fim de fortalecer o princípio de que não há condições para uma revolução armada em grande parte da América Latina [...].
(TELEGRAMA DA EMBAIXADA NORTE-AMERICANA DE MOSCOU AO DEPARTAMENTO DE ESTADO, CONFIDENCIAL, 1º DE NOVEMBRO DE 1967, 10H30, NARA)

Embora não o tenham manifestado publicamente, os soviéticos e seus aliados dos países do Leste provavelmente receberam com satisfação a notícia da morte de Che Guevara e do colapso da guerrilha na Bolívia. [...] Guevara era o expoente de ponta do conceito de "revolução violenta em escala continental", um princípio ao qual os soviéticos e seus aliados sempre se opuseram firmemente [...].
(RELATÓRIO DO DEPARTAMENTO DE ESTADO, 8 DE NOVEMBRO DE 1967, NARA)

Anexamos a tradução de uma nota de imprensa fornecida pelos familiares de Che Guevara, na qual se reconhece que a notícia de sua morte é verdadeira. [...] As declaraçoes divulgadas, num primeiro momento, pelo pai e por um dos irmãos (Roberto, que, em vão, tentou ver o cadáver) haviam levantado dúvidas sobre o relatório oficial (boliviano) a respeito do falecimento de Che. [...]: "Devido às afirmações tendenciosas atribuídas aos parentes de Ernesto, e levando em conta as diferentes opiniões expressas, sentimos o dever moral de declarar que Ernesto Guevara, nosso filho e irmão, conhecido no mundo inteiro como 'Che', veio a morrer de maneira que desconhecemos entre 8 e 9 de outubro de 1967, enquanto liderava os guerrilheiros que atuavam na região oriental da Bolívia. Embora a postura do governo de La Paz tenha nos deixado perplexos, a viagem de Roberto Guevara a Cuba e o exame de vários materiais escritos e fotográficos convenceram-nos, infelizmente, da morte de Ernesto. Esperamos que este seja nosso último comunicado à imprensa. Qualquer outra declaração, pública ou não, deve ser considerada falsa e não divulgada por nós. Signatários: Ernesto

Guevara Lynch (arquiteto), Célia Guevara de la Serna, Roberto Guevara de la Serna, Juan Martin Guevara de la Serna, Ana Maria Guevara de Chavez."

(RELATÓRIO DA EMBAIXADA NORTE-AMERICANA DE BUENOS AIRES AO DEPARTAMENTO DE ESTADO, 22 DE NOVEMBRO DE 1967, NARA)

[...] Em 8 de outubro, o tenente Perez (Companhia "A") recebeu a informação de que um bando de 17 guerrilheiros se encontrava no desfiladeiro do Churo Perez e comunicou imediatamente ao capitão Prado[105] que não possuía morteiros. Prado, então, providenciou o envio do 3º Pelotão e de dois morteiros a La Higuera. [...] As unidades da Companhia "A" e aquelas de apoio da Companhia "B" se dirigiram ao Churo, confiando a dois esquadrões da Companhia "A" a tarefa de montar postos de bloqueio (poucos quilômetros ao norte do pequeno desfiladeiro do Ceino). Prado colocou seus morteiros a leste do Churo, com o apoio (nas retaguardas logísticas) do 3º Pelotão da Companhia "B" sob o comando do sargento Huanca. O 1º Pelotão da Companhia "A", sob o comando de Perez, entrou no Churo pelo lado norte (na confluência de duas torrentes), iniciando a perseguição e empurrando os guerrilheiros rumo ao sul. Enquanto isso, os morteiros de Prado bombardeavam o desfiladeiro. Também foi colocada uma metralhadora para "cobrir" o desfiladeiro e o flanco esquerdo dos morteiros de Prado. Logo que o primeiro pelotão da Companhia "A" dirigiu-se ao sul, os soldados foram atacados (três morreram). Prado, então, ordenou que Huanca descesse pela pequena garganta de Tuscal para se postar à entrada do Churo e começar a perseguição dos insurgentes na direção do pelotão de Perez. Huanca defrontou-se, de repente, com um grupo de seis (talvez oito) guerrilheiros e abriu fogo, matando os cubanos "Antonio" e "Arturo" (um soldado boliviano foi morto e outro ferido). Cercados, "Ramón" (Che Guevara) e "Willy" tentaram se deslocar em direção aos morteiros, mas, nessa altura, foram avistados pela base da metralhadora, que começou a disparar. Atingido na panturrilha, "Ramón" foi auxiliado por "Willy" a chegar ao Tuscal (onde, parece, ambos descansaram por alguns minutos). Dirigiram-se,

105 Trata-se do tenente-coronel Andrés Selich.

106 Joaquín Zenteno Anaya era o comandante da região militar de Santa Cruz e um dos primeiros a confirmar a morte de Che Guevara.

107 Na verdade, Simón Cuba ("Willy") é boliviano.

então, para o norte, justamente à frente do capitão Prado (que imediatamente mandou seus soldados seguirem os dois). Os militares Encinos, Choque e Balboa foram os primeiros bolivianos a colocar as mãos no Che. Em seguida, "Willy" e "Ramón" foram levados a La Higuera pelo capitão Prado e por vários elementos das Companhias "A" e "B". [...] De volta a La Higuera, providenciou-se o tratamento da ferida leve de Guevara. O tenente Espinoza teve uma longa conversa com Che, embora este não tenha revelado qualquer informação importante. Como combatente e como homem, Espinoza tinha uma grande admiração por ele e estava ansioso por conhecer mais sobre sua "figura lendária".[106] Mas Guevara respondia a todas as perguntas com uma seqüência de "talvez" ou "é possível". Em 9 de outubro, de manhãzinha, a unidade recebeu a ordem de prosseguir com a execução de Che e dos outros prisioneiros. Anteriormente, o coronel Zenteno[107] (comandante da 8ª Divisão) havia deixado instruções precisas para que os prisioneiros fossem mantidos vivos. Os oficiais não sabiam de onde provinham as ordens [da execução], mas acreditavam que tivessem sido dadas pelos escalões mais altos do Exército. Prado ordenou a Perez, então, que eliminasse Guevara. Perez, todavia, não teve coragem, e retransmitiu a ordem ao sargento Teran (Companhia "B"). A essa altura, Perez perguntou a Che se tinha um último desejo antes de sua execução. Ele respondeu que gostaria somente de "morrer de barriga cheia". Perez lhe perguntou se era um materialista e, em tom pacato, Guevara respondeu-lhe "talvez". Depois de tê-lo definido como "um pobre diabo", Perez saiu do cômodo que servia de cela. Enquanto isso, algumas cervejas tinham dado novo ânimo a Teran, que voltou para a prisão de Che. À sua chegada, Guevara (amarrado pelos pulsos à frente do corpo) levantou-se e exclamou: "Sei por que está aqui. Estou pronto." Teran lhe respondeu: "Está errado. Sente-se", abandonando mais uma vez o local por alguns minutos. "Willy" tinha sido preso num casebre a poucos metros de distância. Enquanto Teran, do lado de fora, procurava se recompor, Huanca executou "Willy" (que, segundo diversas fontes, era um cubano que fomentara as desordens entre os mineradores boli-

vianos). Ouvindo os tiros, pela primeira vez Che pareceu apavorado. Ao ver Teran entrar de novo, o prisioneiro se levantou mais uma vez para enfrentá-lo. Teran mandou que ficasse sentado, mas Guevara respondeu: "Agora quero ficar em pé." Enfurecido, o sargento o intimou para que se sentasse. Mas Che perdeu a calma: "Saiba que está matando um homem." Nessa altura, empunhando uma carabina M2, Teran o matou com uma rajada de balas, arremessando-o contra a parede do cômodo [...].
(RELATÓRIO DO EXÉRCITO NORTE-AMERICANO, WASHINGTON, SECRETO, 28 DE NOVEMBRO DE 1967, SEM COLOCAÇÃO)

Em 8 de dezembro, proveniente do Rio de Janeiro, o general boliviano Alfredo Ovando Candia chegou a Montevidéu para uma visita de cinco dias. [...] Ovando negou que Che tenha sido executado após a captura, e afirmou que ele morreu devido às feridas (a mais séria se deu nos pulmões). [...] A guerrilha custou ao governo boliviano cerca de 2 milhões de dólares e a perda de cinqüenta soldados. Os rebeldes mortos foram 64 (dez foram apanhados e "eliminados"). Os fugitivos foram apenas quatro: "Inti" Peredo, outro boliviano e dois cubanos [...].
(RELATÓRIO DA EMBAIXADA NORTE-AMERICANA DE MONTEVIDÉU AO DEPARTAMENTO DE ESTADO, 13 DE DEZEMBRO DE 1967, NARA)

***** 1968: Janeiro/Fevereiro/Março *****

Estados Unidos/Bolívia: uma versão do confronto

108 Os três cubanos são Pombo, Urbano e Benigno. Graças à ajuda do senador chileno Salvador Allende, chegam a Cuba em março de 1968.

[...] Pela primeira vez, Castro admitiu que inúmeros cubanos foram mortos na Bolívia juntamente com Ernesto Che Guevara [...].
(RELATÓRIO DO DEPARTAMENTO DE ESTADO, CONFIDENCIAL, 3 DE JANEIRO DE 1968, NARA)

[...] Com o objetivo de tomar o poder e criar um regime comunista, Che Guevara e seus guerrilheiros tinham a missão primária de desencadear uma guerra na Bolívia. Seu propósito era o de romper o isolamento político do regime castrista. Cumprida a missão, Cuba já não estaria sozinha e, mais cedo ou mais tarde, a revolução triunfaria nas nações que faziam fronteira com o país andino. [...] Quando Guevara desapareceu da Cuba comunista, criou-se um mito político que acabou perturbando a opinião pública de todo o continente.[108] Observadores políticos importantes gastaram muito tempo (e tinta) para explicar as possíveis implicações e os motivos do desaparecimento de Che. A primeira versão afirmava que caíra em desgraça e fora morto por causa do egocentrismo de Castro (que não tolerava rivais). Também se disse que fora reconhecido entre os guerrilheiros guatemaltecos e que morrera no país centro-americano. Mais tarde, o governo da Nicarágua afirmou que Guevara fora morto nas montanhas durante os choques com a guerrilha. E ainda: durante os combates entre o Exército peruano e os rebeldes, soube-se que um jornal local o entrevistara na cordilheira dos Andes. Os eventos ocorridos em seguida na Bolívia demonstraram que Che, considerado o principal ativista comunista do continente, passara um tempo em vários países latino-americanos antes de chegar à Bolívia com um passaporte falso, com o nome de Ramón Benitez Gonzalez ou de Adolfo Mena Gonzalez. Estes documentos estão agora nas mãos do Exército boliviano e foram apresentados e comentados em Washington pelo ministro das Relações Exteriores boliviano, durante a décima segunda conferência dos ministros das Relações Exteriores da OEA. [...] Roberto Peredo Leigue, chamado "Coco", era o líder boliviano da guerrilha (o irmão Guido, chamado "Inti", tinha o papel de vice). Pouco conhecidos no país, eram famosos apenas nos círculos comunistas e nunca tinham assumido cargos importantes no governo ou no sindicato. Talvez tivessem o único mérito de ter freqüentado em Cuba um curso de treinamento para a guerrilha e ter passado uma temporada na URSS e na República Popular da China. [...] A captura de Régis Debray (codinome: "Danton"), que devia organizar o apoio dos grupos comunistas nos centros urbanos, revelou-se um problema sério para Guevara, que viu o fracasso de sua missão de conquistar a Bolívia para o comunismo. O recrutamento de novos elementos foi frustrado pela captura de Debray, e os aspirantes a revolucionários começaram a temer por suas vidas depois de ver com que rapidez o Conselho de Guerra (boliviano) tinha sido instituído para processar o filósofo francês. [...] O primeiro quartel-general da guerrilha surgiu em Nancahuazu, em um sítio comprado por Roberto Peredo para a fase de organização e treinamento. Os subversivos consumiam os produtos do lugar (verdura e carne). Além disso, os depósitos foram sendo abastecidos com os bens adquiridos nos lugarejos vizinhos e em outras propriedades a preços incomumente altos. Esse foi o primeiro indício da presença guerrilheira na região. [...] O grupo cubano, que entrou primeiro na Bolívia, conseguiu contrabandear para o país um número considerável de armas (entre elas, fuzis tchecoslovacos, russos e até chineses), que, de início, permitiram que os insurgentes deflagrassem um notável poder de fogo. [...] Inspirando-se em experiências anteriores, o Exército boliviano montou duas operações militares: a primeira, batizada de "Operação Cíntia", foi realizada pelas unidades da 4ª Divisão. Sua missão consistia em dirigir ataques contínuos contra os guerrilheiros, a partir da região ao sul de Nancahuazu, para obrigá-los a recuar para o norte e atravessar o Rio Grande. [...] A segunda operação ("Operação Parabano") foi promovida pelas unidades da 8ª Divisão, que aguardava a chegada dos insurgentes ao norte do Rio Grande. Estavam prontos para eliminar a guerrilha, que começava a atuar em território desconhecido. Os rebeldes chegaram, finalmente, a Samaipata, no caminho que liga Cochabamba a Santa Cruz, e isso marcou o fim de suas atividades. A derrota dos subversivos teve início com a emboscada de Vado del Yeso, na qual quatro guerrilhei-

ros perderam a vida. Antes disso, Che Guevara, "Coco" Peredo e outros haviam sido executados durante os combates de La Higuera e de Quebrada del Yuro. [...] Os rebeldes estavam divididos em três escalões: "assalto" (grupo avançado), "apoio" (grupo central), "salvamento" (retaguarda). [...] Sempre procuraram manter o campo-base de Nancahuazu, por causa de suas boas defesas naturais. [...] No entanto, as ações contínuas do Exército, que conseguira penetrar na região, obrigaram os guerrilheiros a abandoná-lo. Forçados pelas circunstâncias, já não tinham acampamentos fixos e se deslocavam o tempo todo, marchando 18 horas por dia. [...] Che Guevara utilizava um rádio de alta freqüência para as comunicações com Cuba, de onde recebia instruções para as ações militares a cumprir. O equipamento era administrado por "Tania", que recebia as mensagens em código e as comunicava apenas a Guevara. Os contatos via rádio aconteciam em horários fixos (às 8h, 13h e 19h) e duravam somente uns poucos minutos, para evitar que fossem interceptados ou bloqueados [...].
(RELATÓRIO DO EXÉRCITO BOLIVIANO, SECRETO, 7 DE FEVEREIRO DE 1968, NARA)

[...] O Partido Comunista Boliviano (PCB) não tinha conhecimento da chegada (e dos objetivos) de Che Guevara na Bolívia, pelo menos até o secretário Mario Monje se encontrar com ele no acampamento de Nancahuazu, em 31 de dezembro de 1966. Monje foi convidado por Guevara, que solicitava do PCB a adesão à guerrilha. Che afirmou que sua pátria era constituída por toda a América Latina e que estava pronto a lutar em qualquer parte do continente para a "construção do socialismo". Após longas reflexões, Guevara chegara à conclusão de que a Bolívia oferecia boas condições para a luta, por vários motivos: as péssimas condições econômicas dos trabalhadores, a dura exploração imposta pelos estrangeiros, o espírito de luta da população, a fragilidade das forças reacionárias, a incapacidade do governo e a instabilidade política. Tais circunstâncias tornavam possível a criação de um "foco" revolucionário que poderia ter se expandido para todos os países da América Latina, levando à expulsão do "imperialismo norte-americano" de todo o continente em dez ou 15 anos. Foi oferecida a Monje a possibilidade de se unir ao combate como expoente político, ao passo que Che seria o chefe militar e o líder máximo da revolução. Monje afirma ter respondido com uma contraproposta baseada em três condições: 1) a convocação de uma conferência dos partidos comunistas latino-americanos para coordenar as ações de apoio à rebelião; 2) a formação de uma ampla frente política boliviana para apoiar o esforço revolucionário; 3) basear a luta na "experiência e consciência do povo" e não unicamente em métodos de guerrilha. Assim, o PCB organizaria e mobilizaria as Forças Armadas populares, dirigindo a ação nos centros urbanos, nas montanhas e no campo. Sugeria, também, que se adiasse o início das hostilidades, de maneira a coordená-las com uma insurreição nacional. Che rejeitou os dois primeiros pontos, mas achou interessante o terceiro. O líder do PCB e Guevara não chegaram a um acordo. Monje, que deixou o acampamento guerrilheiro em 1º de janeiro de 1967, afirma que Che lhe comunicou que se desligara do PC cubano e de todos os encargos do governo castrista em abril de 1965, e que seu esforço na Bolívia era um assunto estritamente pessoal. Monje respondeu que o PCB não o tinha convidado à Bolívia e que nunca havia criado falsas ilusões sobre a situação do país. Aproveitando-se do fato de que o PCB tinha enviado a Cuba alguns jovens comunistas bolivianos para estudar as estratégias da guerra de guerrilha, Guevara os havia incorporado à nova formação rebelde. Segundo Monje, Che não via necessidade de criar um partido forte como base para a ação armada. Ao contrário, sua convicção era que se podia seguir o exemplo cubano, com um exército guerrilheiro capaz de formar um partido político apenas numa fase seguinte. Mas, segundo o secretário do PCB, a experiência cubana não devia ser copiada de modo esquemático, e era necessário estudar a situação específica de cada país. Além disso, Monje se recusou a submeter sua autoridade política a um controle do tipo militar, afirmando que o PCB deveria ser preeminente na liderança da revolução. Guevara não pareceu se abalar com sua recusa em aderir à guerrilha: (o boliviano)

"Coco" Peredo, de fato, já passara para o movimento e se preparava para se tornar um líder político [...].
(RELATÓRIO DO EMBAIXADOR HENDERSON AO DEPARTAMENTO DE ESTADO, CONFIDENCIAL, 10 DE FEVEREIRO DE 1968, NARA)

Cinco guerrilheiros comunistas (três cubanos e dois bolivianos) se entregaram às autoridades chilenas em Iquique (a 1.600 quilômetros ao norte de Santiago). Os cinco afirmaram ter feito parte do grupo liderado por Ernesto Che Guevara na Bolívia. [...] Um dos rebeldes, Harry Antonio Villegas Tamayo (cubano, 27 anos), declarou ter sido o guarda-costas de Che e de tê-lo visto cair ferido. [...] Trata-se dos sobreviventes do bando de 17 guerrilheiros que lutou juntamente com Che na região de Vallegrande, há cerca de três meses [...].
(TELEGRAMA DA EMBAIXADA NORTE-AMERICANA DE SANTIAGO DO CHILE AO DEPARTAMENTO DE ESTADO, 23 DE FEVEREIRO DE 1968, 14H53, NARA)

[...] A derrota do bando chefiado por Che Guevara, composto por guerrilheiros treinados e financiados por Cuba, está longe de marcar o fim da ameaça subversiva na Bolívia. Além dos opositores internos, que visam à ruína e à destituição do governo a qualquer custo, constata-se a presença de um número relativamente alto de bolivianos treinados para a guerrilha (em Cuba, na China e na União Soviética). Vale notar que várias facções comunistas estão aptas a promover sabotagens e atos terroristas nas minas e nos centros urbanos. É provável que o Partido Comunista filosoviético e o filochinês continuem a receber financiamentos e auxílios do exterior. Além disso, acontecimentos recentes indicam que o aparato de apoio urbano (criado por Che) ainda permanece ativo em algumas áreas. Aproveitando o descontentamento dos trabalhadores e de um clima mais favorável nas universidades, os comunistas poderiam tentar, mais uma vez, a via da insurreição para tomarem o poder. Os guerrilheiros comunistas bolivianos poderiam explorar os erros cometidos por Guevara, insistindo numa liderança de caráter nacional para apagar a "desonra estrangeira" sofrida

pelos seus antecessores. [...] Enfim, não podemos excluir a possibilidade de que atos isolados de terrorismo inspirados por Castro ocorram, com o objetivo de "vingar" a derrota da guerrilha guevarista [...].
(RELATÓRIO DA EMBAIXADA NORTE-AMERICANA DE LA PAZ AO DEPARTAMENTO DE ESTADO, CONFIDENCIAL, 30 DE MARÇO DE 1968, NARA)

***** Anexos *****

OS GUERRILHEIROS

Alejandro (GUSTAVO MACHÍN HOED DE BECHE), cubano

Aniceto (ANICETO REYNAGA GORDILLO), boliviano

Antonio – **OLO** (ORLANDO PANTOJA TAMAYO), cubano

Apolinar – **POLO** – **APOLINARIO** (APOLINAR AQUINO QUISPE), boliviano

Arturo (RENÉ MARTINEZ TAMAYO), cubano

Benigno (DANIEL ALARCÓN RAMÍREZ), cubano

Benjamín (BENJAMÍN CORONADO CÓRDOBA), boliviano

Braulio (ISRAEL REYES ZAYAS), cubano

Camba (ORLANDO JIMÉNEZ BAZÁN), boliviano

Carlos (LORGIO VACA MARCHETTI), boliviano

Chapaco – **LUIS** (JAIME ARANA CAMPERO), boliviano

Chingolo (HUGO CHOQUE SILVA), boliviano

Chino (JUAN PABLO CHANG NAVARRO), peruano

Coco (ROBERTO PEREDO LEIGUE), boliviano

Daniel (PASTOR BARRERA QUINTANA), boliviano

Danton (JULES RÉGIS DEBRAY), francês

Darío (DAVID ADRIAZOLA VEIZAGA), boliviano

Ernesto – **MÉDICO** (FREDDY MAYMURA HURTADO), boliviano

Eusebio (EUSEBIO TAPIA ARUNI), boliviano

Eustaquio (LUCIO EDILBERTO GALVÁN HIDALGO), peruano

Guevara – **MOISÉS** (MOISÉS GUEVARA RODRÍGUEZ), boliviano

Inti (GUIDO ALVARO PEREDO LEIGUE), boliviano

Joaquín – **VILO** (JUAN VITALIO ACUÑA NÚÑEZ), cubano

Julio (MARIO GUTIÉRREZ ARDAYA), boliviano

León – **ANTONIO** (ANTONIO DOMÍNGUEZ FLORES), boliviano

Loro – **BIGOTES** – **JORGE** (JORGE VÁZQUEZ VIANA), boliviano

Marcos – **PINARES** (ANTONIO SÁNCHEZ DÍAZ), cubano

Miguel (MANUEL HERNÁNDEZ OSORIO), cubano

Moro – **MUGANGA** – **MOROGORO** – **MÉDICO** (OCTAVIO DE LA CONCEPCIÓN DE LA PEDRAJA), cubano

Negro – **MÉDICO** (RESTITUTO JOSÉ CABRERA FLORES), peruano

Ñato (JULIO LUIS MÉNDEZ KORNE), boliviano

Orlando (VICENTE ROCABADA TERRAZAS), boliviano

Pablo (FRANCISCO HUANCA FLORES), boliviano

Paco (JOSÉ CASTILLO CHÁVEZ), boliviano

Pacho – **PACHUNGO** (ALBERTO FERNÁNDEZ MONTES DE OCA), cubano

Pedro – **PAN DIVINO** (ANTONIO JIMÉNEZ TARDIO), boliviano

Pelao – **MAURICIO** – **CARLOS** (CIRO ROBERTO BUSTOS), argentino

Pepe (JULIO VELAZCO MONTANO), boliviano

Pombo (HARRY ANTONIO VILLEGAS TAMAYO), cubano

Ramón – **FERNANDO** (ERNESTO CHE GUEVARA), argentino

Raúl (RAÚL QUISPAYA CHOQUE), boliviano

Ricardo – **PAPI** – **CHINCHU** – **MBILI** – **TACO** (JOSÉ MARÍA MARTÍNEZ TAMAYO), cubano

Rolando – **SAN LUIS** (ELISEO REYES RODRÍGUEZ), cubano

Rubio – **FÉLIX** (JESÚS SUÁREZ GAYOL), cubano

Salustio (SALUSTIO CHOQUE CHOQUE), boliviano

Serapio – **SERAFÍN** (SERAPIO AQUINO TUDELA), boliviano

Tania (HAYDÉE TAMARA BUNKE BIDER), argentina de origem alemã

Tuma – **TUMAINI** (CARLOS COELLO), cubano

Urbano – **TAMAYTO** (LEONARDO TAMAYO NÚÑEZ), cubano

Victor (CASILDO CONDORI VARGAS), boliviano

Walter (WALTER ARANCIBIA AYALA), boliviano

Willy (SIMÓN CUBA SARAVIA), boliviano

*** CRONOLOGIA DA GUERRILHA NA BOLÍVIA ***

Outubro de 1964
Incumbida por Che, Tamara Bunke ("Tania, a guerrilheira") muda-se para La Paz sob o falso nome de Laura Gutiérrez Bauer.

Março de 1966
Depois de ter participado da empreitada guerrilheira de Che no Congo, o cubano José María Martínez Tamayo (Papi) chega em ação de reconhecimento militar à Bolívia.

Julho de 1966
Os cubanos Harry Villegas Tamayo (Pombo) e Carlos Coello (Tuma) juntam-se a Papi.

Julho – Outubro de 1966
Em Cuba, Che coordena o treinamento militar dos homens que o seguirão na Bolívia. Incumbido por Fidel Castro, o francês Régis Debray chega a este país andino (região do Alto Beni).

Novembro de 1966
Che desembarca na Bolívia com um passaporte falsificado uruguaio em nome de Adolfo Mena González. É recepcionado pelos irmãos bolivianos Inti e Coco Peredo.

Dezembro de 1966
O secretário do Partido Comunista Boliviano, Mario Monje, encontra-se com Che em Nancahuazu (sudeste do país). Os dois não chegam a um acordo sobre como organizar a guerrilha e a luta revolucionária.

Fevereiro de 1967
Che começa a exploração do território junto com 27 homens. A marcha em direção ao Rio Grande, ao norte, dura sete semanas.

Março de 1967
O Exército boliviano descobre uma base dos guerrilheiros. Dois rebeldes são capturados e revelam a presença de Che. Primeiros conflitos armados entre insurgentes e Exército, na região de

Nancahuazu. Tania, Debray e o argentino Ciro Bustos chegam ao acampamento de Guevara.

Abril de 1967
O Exército ocupa a base principal da guerrilha. Os destacamentos de Che e o de Joaquín decidem se separar. Bustos e Debray caem nas mãos do Exército, juntamente com o fotógrafo inglês George Andrew Roth. Novos conflitos em Iripiti e Muyupampa.

Maio de 1967
Sob comando do major Ralph "Pappy" Shelton, uma dúzia de instrutores militares norte-americanos chega a Santa Cruz. Confrontos na região de Carahuatarenda. A aviação boliviana ataca os rebeldes em Piquirihuazu.

Junho de 1967
Revolta dos mineradores na região de Huanuni e Catavi – Siglo XX. O governo proclama o estado de sítio. Mineradores são massacrados pelo Exército. Embates entre soldados e guerrilheiros na região de Florida.

Julho de 1967
Os insurgentes ocupam, por algumas horas, o vilarejo de Samaipata. Confrontos em Eldorado e Iquira.

Agosto de 1967
Combates na região de Chuyuyaca. Descobrem-se novos depósitos de armas e suprimentos dos guerrilheiros. O Exército massacra o destacamento de Joaquín e de Tania nos arredores de Masicuri Bajo.

Setembro de 1967
Ocorre, em Washington, a décima segunda conferência dos ministros das Relações Exteriores da Organização dos Estados Americanos (OEA). Os bolivianos exibem as provas da presença de Che na Bolívia. Os *rangers* bolivianos iniciam a mano-

bra de cerco do destacamento de Guevara na região de Quebrada del Yuro.

Outubro de 1967

Em 8 de outubro, Che é capturado e transportado para o vilarejo de La Higuera, onde, no dia seguinte, é assassinado. Alguns guerrilheiros (entre eles Pombo, Urbano e Benigno) escapam do cerco do Exército e se colocam a salvo no Chile, aonde chegam no início de 1968.

*** CRONOLOGIA DA VIDA DE ERNESTO CHE GUEVARA ***

1928-1930

Ernesto Rafael Guevara de la Serna nasce em Rosário (Argentina), em 14 de junho de 1928, filho de Celia de la Serna e Ernesto Guevara Lynch. Passa os dois primeiros anos de vida na província de Misiones, mas contrai asma e a família é obrigada a se mudar para uma região de clima mais seco. Escolhem o lugarejo de Alta Gracia, na serra de Córdoba.

1945-1950

Termina a escola secundária e se transfere com a família para Buenos Aires. Encontra trabalho como funcionário público municipal e se matricula na faculdade de medicina. Torna-se assistente de um conhecido alergologista, o doutor Pisani. Em 1950, faz uma viagem de bicicleta de 4.500 quilômetros pelo norte do país. Escreve um diário, como fará depois em diversas viagens.

1951-1952

Viaja numa motocicleta ("A Poderosa") com o amigo Alberto Granado. O objetivo é visitar os leprosários latino-americanos. Abandonando a moto no Chile, os dois atravessam o Peru, a Colômbia e a Venezuela (até Caracas) utilizando vários meios de transporte, inclusive uma jangada pelo rio Amazonas. A viagem termina em Miami, em agosto de 1952, quando Ernesto volta de avião para Buenos Aires.

1953

Na Argentina, Ernesto, em poucos meses, é aprovado numa série de exames e se forma em medicina com uma tese em alergologia. De trem, parte outra vez numa nova viagem pela América Latina junto com um amigo de infância, Calica Ferrer. Na Bolívia, assiste ao crescimento do movimento operário e camponês durante a presidência de Paz Estenssoro.

1954

Passa uma temporada na Guatemala, que vai de janeiro a agosto. Participa ativamente do movimento reformista do presidente

Jacobo Arbenz, colaborando com o serviço de saúde e se alistando nas brigadas juvenis. Aproxima-se dos militantes comunistas. Conhece uma jovem peruana, Hilda Gadea. Da união com ela, nascerá uma menina, Hildita. Contudo, um golpe de estado militar orientado pela CIA põe fim à época de Arbenz. Ernesto é obrigado a se refugiar na Embaixada argentina.

1955-1956

Abriga-se na Cidade do México, onde sobrevive trabalhando como fotógrafo ambulante e vendedor de livros. Consegue um emprego na ala de alergologia de um hospital. Escreve alguns textos científicos e retoma os estudos sobre o marxismo. Conhece um grupo de exilados cubanos dirigidos por um homem de 30 anos – Fidel Castro – e decide se alistar como médico em uma expedição invasora até Cuba. Participa do treinamento militar ministrado por um ex-general republicano espanhol, mas o campo que servia de base aos exilados é descoberto pela polícia mexicana e Ernesto é preso. Libertado após dois meses, embarca no iate *Granma*, na companhia dos seguidores de Fidel, e chega a Cuba em 2 de dezembro de 1956.

1957-1959

São os anos da guerra revolucionária contra a ditadura de Fulgêncio Batista. Fidel nomeia Che comandante de uma ala guerrilheira. No final de 1958, Che guia os rebeldes à vitória de Santa Clara. Batista foge para o exterior e Fidel assume o poder em Havana (1º de janeiro de 1959). Ele participa do governo revolucionário e se torna cidadão cubano. Casa-se com Aleida March, que lhe dará quatro filhos: Aleidita, Camilo, Celia e Ernesto. Entre junho e setembro, encabeçando uma delegação econômica, visita Egito, Índia, Japão, Indonésia, Sri Lanka, Paquistão, Iugoslávia e Marrocos. De volta a Havana, dirige o Departamento para a Industrialização do INRA (Instituto Nacional para a Reforma Agrária). Em novembro, torna-se presidente do Banco Nacional.

1960-1964

Entre outubro e novembro de 1960, visita Tchecoslováquia, URSS, China, Coréia e República Democrática Alemã. Dirige, por quatro anos, o Ministério das Indústrias (Minind). Publica uma série de livros (entre eles, *La guerra de guerrillas*). Em 1961, chefia a delegação cubana na conferência da OEA, Organização dos Estados Americanos de Punta del Este, no Uruguai. Durante a crise dos mísseis (outubro de 1962) comanda a guarnição militar de Pinar del Río. Em 1964, sai derrotado do "debate econômico" sobre os critérios do planejamento e sobre as relações entre economia de mercado e socialismo. Em dezembro de 1964, em Nova York, profere um discurso na Assembléia da Onu e concede uma longa entrevista à rede de televisão CBS, na qual expõe suas idéias revolucionárias sobre a América Latina.

1965-1966

Entre janeiro e março de 1965, visita Argélia, Egito, Mali, Congo, Guiné, Gana, Daomé (parte do atual Benin), Tanzânia e República Popular Chinesa. Durante o Seminário Econômico de Solidariedade Afro-asiática de Argel, denuncia a exploração mundial do imperialismo, mas também o lucro que os "países socialistas" obtêm do comércio desigual. Em 14 de março, retorna a Havana, onde é recebido por Fidel Castro. É a última vez que Che aparece em público. Os conflitos entre os dois revolucionários se tornam cada vez mais fortes. Em abril, vai secretamente ao Congo. Está à frente de um grupo de cubanos encarregados de treinar os guerrilheiros do país africano. Após passar um breve período em Praga, volta a Cuba no início de 1966. Em julho, com o apoio de Fidel, inicia o treinamento dos guerrilheiros cubanos e bolivianos que o seguirão na tentativa de insurreição na Bolívia.

*** Posfácio ***

Execução de Che
A ordem veio de Washington?

Os documentos aqui publicados, produzidos por organismos do governo dos Estados Unidos e protegidos durante muitos anos por rubricas – "sigiloso" e "secreto" – que os tornaram temporariamente inacessíveis aos pesquisadores, são fundamentais para entender as razões da ascensão e da queda da guerrilha na Bolívia. A ascensão, marcada pela ousada ocupação da cidade de Samaipata, em seis de julho; a queda, determinada militarmente pela eliminação da retaguarda rebelde em 31 de agosto, em Masicuri Bajo. Agosto "foi, sem dúvida, o pior mês que tivemos desde o início da guerra", registrou Che Guevara, no diário de campanha.

A guerrilha na Bolívia é parte inseparável da utopia política mais fascinante que dominou o século XX – a igualdade social. Era esse o sonho que alimentava a meia centena de homens comandados por Che Guevara e que, entre 1966 e 1967, mantiveram duros confrontos com um exército treinado e equipado pelos Estados Unidos. Passados quarenta anos a história da guerrilha na Bolívia ainda contém muitas lacunas. Esses papéis, embora retratem ações e reações de um protagonista essencial naquele momento, não respondem a tudo. Iluminam, no entanto, pontos importantes dos 11 meses da luta travada nas cordilheiras bolivianas. A partir deles é possível, por exemplo, dar uma resposta mais objetiva a uma pergunta sobre a execução de Guevara, ocorrida em 9 de outubro de 1967, no interior de uma escola pública, na província de La Higuera.

Naquele dia, naquele lugar, os Estados Unidos teriam ordenado a execução de Che?

Não. É a resposta objetiva, mas não necessariamente definitiva. A inexistência de provas testemunhais, materiais e documentais conhecidas até o momento sobre esse episódio encoberto por muitas fantasias e versões,[1] impede uma afirmação segura. A dificuldade é maior quando se fala da prisão[2] e da morte[3] do lendário guerrilheiro.

"Todos os documentos e testemunhos sobre a morte de Che indicam que a opção por executá-lo foi deliberada e unânime. As autoridades decidiram liquidá-lo o mais rápido possível, antes que a pressão exterior, sobretudo a norte-americana, se tornasse insuportável", escreveu Castañeda, na biografia de Che Guevara. Para ele, "a ordem partiu de La Paz no meio da manhã."[4]

É possível afirmar, entretanto, que, no mínimo, os norte-americanos deram sinal verde para a execução. O agente da CIA, Félix Rodríguez, que operava o sistema de comunicação e tinha a patente temporária de capitão (Ramos), concedida pelo Exército da Bolívia, teria recebido a ordem e repassado a determinação ao general Zenteno Anaya, comandante da 8ª Divisão de Exército, responsável pela região onde os guerrilheiros atuavam.

O Exército boliviano "sujou as mãos". A CIA "lavou as mãos". É uma constatação que emerge mais claramente das informações cruzadas de vários comunicados oficiais aqui divulgados. Os homens da CIA, sempre tiveram não apenas o controle das operações efetuadas pelos militares bolivianos, como também grande influência e indiscutível ascendência nas decisões tomadas pelo governo do general René Barrientos e pelos comandantes militares. Não será por outra razão que Rodríguez diz que poderia ter evitado a execução. Na versão que divulga, ele conta que chegou a conversar com o general Zenteno "a fim de dissuadi-lo".[5]

No livro autobiográfico que escreveu, Rodríguez diz que se Guevara fosse levado para Vallegrande estaria salvo, principal-

1 Há duas importantes biografias de Guevara, que foram publicadas no Brasil em 1997, quando fazia trinta anos da guerrilha na Bolivia: *Che Guevara: uma vida em vermelho*, de Jorge G. Castañeda, e *Che Guevara, uma biografia*, de Jon Lee Anderson. Afora a visão subjetiva dos autores, eles também discordam sobre fatos maiores ou menores, como, por exemplo, a carabina usada por Guevara quando foi preso. Para Castañeda era uma M-1; para Anderson, uma M-2.

2 Varia, por exemplo, a versão sobre a frase que Che Guevara, supostamente, teria dito no momento em que foi preso. "Não atire. Eu, Che Guevara, valho mais para você vivo do que morto" ou, "Sou Che Guevara e fracassei", e, ainda, uma frase do guerrilheiro Willy aos soldados que tratavam o prisioneiro com desrespeito: "Caralho, este é o comandante Guevara, merece mais respeito."

3 Na introdução feita para o *Diário do Che*, Fidel Castro sustenta que o prisioneiro "negou-se a trocar uma só palavra com os seus captores e um oficial embriagado que tentou humilhá-lo recebeu uma bofetada em pleno rosto". Anderson narra diversas conversas supostamente travadas entre Guevara e os captores, como o tenente-coronel Selich e o agente da CIA, Félix Rodríguez. Castañeda diz que Rodríguez e o general boliviano Joaquín Zenteno, "assim como alguns moradores do lugar", conseguiram falar com Che.

mente pelo fato de que jornalistas estrangeiros para lá se deslocaram atrás da grande notícia. O corpo de Che foi transportado amarrado nas barras de pouso de um helicóptero. Em Vallegrande o cadáver foi mostrado aos jornalistas na lavanderia do hospital Nossa Senhora de Malta, onde foi realizada a autópsia.[6]

Rodríguez operava o único canal de comunicação local e considera que poderia ter anunciado que havia "recebido uma contra-ordem".[7] Ele dificilmente teria agido sem a orientação da CIA. Fosse para dar uma ordem de execução, fosse para tentar reverter uma decisão tomada pelos comandantes militares bolivianos. Na biografia de Che, escrita por Anderson, o agente Rodríguez conta que transmitiu "à CIA a informação de que identificara positivamente Guevara" e que pediu instruções "mas não obtivera qualquer resposta".[8] Sendo verdadeira a versão, eis aí um expressivo (e talvez conveniente) ruído na comunicação entre um agente da CIA e seus superiores.

Mas o relatório do Exército americano, introduz um dado novo que contraria frontalmente a história contada por Rodríguez, cuja intenção pode ter sido a de retocar a péssima imagem da CIA, que mais uma vez interferia em assuntos internos de outro país. No documento do Exército surge uma informação que subverte versões admitidas até agora. Uma delas:

> [...] Anteriormente, o coronel Zenteno[9] havia deixado instruções precisas para que os prisioneiros fossem mantidos vivos. Os oficiais não sabiam de onde provinham as ordens (da execução), mas acreditavam que tivessem sido dadas pelos escalões mais altos do Exército.

Rodríguez, agente da CIA, era o radioperador naquele momento e conta que recebeu a mensagem e que a ordem determinava a execução. Rodríguez mentiu? Ou de fato recebeu a ordem? Mas recebeu de quem? Da CIA ou dos militares bolivianos? Por que os bolivianos transmitiriam a ordem a um estrangeiro? E quem, afinal, era esse agente estrangeiro?

4 Castañeda, Jorge G., cit., p. 517.

5 Cf. Castañeda, cit., p. 845.

6 Posteriormente, no dia 14 de outubro, especialistas argentinos foram convocados para a identificação de Guevara, a partir das digitais do documento de identidade mantida em Buenos Aires. Na "acta" de trabalho os peritos relatam: "Un recipiente cilindrico de metal cerrado, el que es aberto, contienes dos manos sumergidas en un liquido incoloro, de olor similar al formol."

7 Cf. tradução de Argemiro Ferreira, Tribuna da Imprensa, 5 e 6 de maio de 2007, do livro *Shadow Warrior – The CIA Hero of a Hundred Unknown Battles* (editora Simon and Schuster, NY, 1989).

8 Anderson, Jon Lee, cit., p. 845.

9 Joaquín Zenteno Anaya, comandante da região militar de Santa Cruz, foi um dos primeiros a confirmar a morte de Che Guevara.

Nascido em Havana, em 1941, de família abastada, Félix Rodríguez foge para os Estados Unidos logo após a vitória da revolução cubana. Em 1960, já estava empenhado nas atividades paramilitares dos anticastristas na América Central. Em agosto de 1967, a CIA o envia à Bolívia, onde atua entre Santa Cruz (ali interroga pessoalmente vários guerrilheiros capturados pelo Exército) e Vallegrande. Após a morte de Che, Rodríguez vai ao Vietnã, e nos anos 1980 à América Central, onde coordena (em El Salvador, por conta da CIA e do major Oliver North) o fluxo dos financiamentos secretos dos Estados Unidos aos mercenários que lutam contra a Nicarágua sandinista. Deu apoio incansável a George W. Bush na campanha eleitoral de 2004, e atualmente é o presidente da associação dos veteranos anticastristas de Playa Jirón, em Miami. Quanto à aventura guerrilheira de Guevara na Bolívia.

Tudo isso torna a interferência americana (seja do governo, seja da CIA) o maior dos enigmas da guerrilha da Bolívia.

Um flagrante, a partir de dois documentos aqui incluídos, não deixa dúvidas sobre o poder norte-americano no teatro das operações políticas e militares. Em 18 de julho de 1967, um relatório secreto do Departamento de Estado reconhece: "Os Estados Unidos exercem uma influência essencial no teatro de ação boliviano", embora faça a ressalva de que não se trata de uma "influência ilimitada".

Outra evidência está na circular de 13 de outubro enviada pelo mesmo Departamento de Estado, após a prisão e o assassinato de Guevara, a todas as unidades diplomáticas norte-americanas na América Latina.

> Havana poderia tentar amenizar o golpe, pintando Che como um mártir de "nossa intervenção". Por conseguinte, todas as sedes diplomáticas norte-americanas deverão se abster de comentar "nossos méritos" na derrota dos rebeldes [...] A vitória sobre a guerrilha deveria ser considerada 100% boliviana [...].

Até que ponto o governo norte-americano é responsável pelo crime, seja como mandante, seja por omissão ou por conivência?

Com as evidências surgidas até agora, e até prova em contrário, a se acreditar em alguma ordem vinda diretamente dos Estados Unidos, ela terá partido mesmo de Washington. Só que despachada de Langley, condado de Fairfax, na Virgínia, algumas milhas a noroeste da Casa Branca. Fica lá o quartel-general da CIA.

Embora a CIA seja uma agência capaz – capaz de tudo –, a versão de que teria ordenado a execução de Guevara é uma hipótese. Ainda não é um fato. Nessa mesma direção há uma forte referência documentada eximindo a interferência do governo norte-americano. Trata-se do relatório secreto enviado ao presidente Lyndon Johnson, em 9 de outubro, por Walter Rostow, conselheiro especial para a segurança nacional. Ele alerta Johnson: "Certamente será de seu interesse a informação segundo a qual os bolivianos capturaram Che Guevara. A notícia ainda não foi confirmada."[10]

O relatório foi enviado às 18h10 (21h10 na Bolívia) nos Estados Unidos que correspondia às 21h10 na Bolívia. Che Guevara fora preso no dia 8 e executado no dia seguinte por volta das 13h do local. Considerada diferença de fuso horário, Rostow deu a notícia da prisão a Johnson, ainda dependendo de confirmação, aproximadamente oito horas depois de Che ter sido assassinado.

As informações, a partir desses papéis, deixam claro que os militares bolivianos queriam mesmo o sangue dos guerrilheiros. E a Casa Branca sabia disso. Em 12 de maio, o embaixador norte-americano em La Paz, Henderson, tomou posição contra a eliminação dos rebeldes. Em mais de uma ocasião, alertou o Departamento de Estado sobre os propósitos dos militares. Foi o que ocorreu em 12 de maio com o ministro das Relações Exteriores, Nicanor Costa Mendez, que defendia uma artimanha jurídica no âmbito do direito internacional.

> [...] Os rebeldes estrangeiros capturados não podem ser considerados "prisioneiros de guerra" já que "não existe um estado de beligerância entre a Bolívia e um país estrangeiro" [...].

10 Haverá quem suponha que esse relatório de Rostow faça parte de uma trama documental, urdida na ocasião, para falsificar a história. É possível. Afinal, descartadas provas ou evidências, tudo é possível no terreno da suposição.

Sobre isso, o próprio Henderson se permitiu uma elementar dedução.

> [...] Essas declarações provocam a seguinte e desagradável impressão: já que as leis internacionais não podem ser aplicadas, os guerrilheiros não bolivianos aprisionados não gozarão do tratamento humanitário garantido pelo direito internacional. Em vez disso, receberão um tratamento menos civilizado do que aquele reservado aos "criminosos comuns" [...].

Barrientos, o general-presidente, prometeu, oficialmente, anistia aos bolivianos que se entregassem. O embaixador dos Estados Unidos anotou esse suposto conflito de posição do general-presidente com os comandos militares. No aerograma ao Departamento de Estado, enviado em 9 de setembro, Henderson certamente já vislumbrava a derrota definitiva da guerrilha que, afinal, ocorreria no mês seguinte, com a prisão de Che Guevara.

> As declarações do presidente parecem distanciar-se das posições (não oficiais) assumidas pelo Exército, cuja regra prevê a eliminação indiferenciada de guerrilheiros e desertores da rebelião [...]."

Mas o papel dos Estados Unidos na execução do comandante da guerrilha boliviana era um dos "enigmas", ainda em 1997, quando o mexicano Castañeda escreveu a biografia de Che Guevara,[11] onde relata o que chamou de "versão oficiosa" cubana.

> Quando o presidente Barrientos se inteirou da captura, dirigiu-se imediatamente à residência do embaixador dos Estados Unidos, onde recebeu a ordem de eliminar o guerrilheiro.[12]

Embora esses papéis oficiais – liberados, essencialmente, dos arquivos da CIA e do Departamento de Estado – não expressem a versão definitiva da história, eles apresentam, até prova em contrário, evidências que soterram suposições que persistiram ao longo das quatro décadas que se seguiram ao assassinato de Che. São informações, análises e avaliações escritas no calor

11 Cf. Castañeda, cit., p. 519. Henderson negou, por várias vezes, essa informação. Na correspondência com o Departamento de Estado, aqui publicada, ele manifesta reação à eliminação dos guerrilheiros.Também, a partir desses registros, os encontros que teve com Barrientos ocorreram sempre na casa ou no palácio presidencial.

12 "Caminhei para a colina e comecei a fazer anotações. Quando ouvi os disparos, olhei meu relógio. Eram 13h10", conta Félix Rodríguez, cubano, agente da CIA, depois de uma conversa com Che, no local em que o guerrilheiro foi executado. Cf. *Guevara – uma biografia*; Anderson, Jon Lee, p. 847. Ed. Objetiva.

da hora. Contaminadas, certamente, por interesses políticos, mas não necessariamente falsas elas sustentam deduções mais seguras sobre o fracasso de Che naquele conflito desigual. A relação entre as forças oficiais e os insurgentes atingiu, no auge do conflito, 150 soldados para um guerrilheiro. Muito mais do que exigiam os cálculos do cuidadoso embaixador Henderson. Ele imaginava que seriam necessários "cerca de oito ou dez homens bem treinados para derrotar um guerrilheiro".

Os boinas-verdes norte-americanos, veteranos do Vietnã, cuidaram de treinar os bolivianos para que eles alcançassem a eficiência necessária, muito embora os instrutores, ao longo da luta, tenham manifestado insistentemente dúvidas sobre a capacidade e a integridade dos militares bolivianos e da própria ditadura, comandada pelo general René Barrientos.

"A duração prevista é de um ano, mas o treinamento poderia ser acelerado devido à ameaça que a guerrilha representa", comunicou Henderson ao Departamento de Estado, em 18 de abril de 1967. Protegido pelo sigilo do documento, ele manifestava um temor que, oficialmente, o governo dos Estados Unidos não assumiu.

São apresentadas neste livro novas informações sobre o cerco militar aos guerrilheiros, no dia 8 de outubro. No início da tarde, os *rangers* bolivianos, treinados por oficiais norte-americanos (inclusive veteranos do Vietnã) cercaram Che na hoje famosa "Quebrada Del Yuro" ou "Quebrada do Churo".

Duas semanas antes, 650 *rangers*, treinados pelo major norte-americano Robert "Pappy" Shelton, haviam iniciado a manobra de cerco do destacamento rebelde de Guevara, composta por 17 homens. É o capitão Gary Prado Salmón quem organiza as ações que levarão à captura de Che Guevara.

O episódio é descrito no minucioso e valioso relatório do Exército norte-americano. Ali está registrado: "Cercados, 'Ramón' (Che Guevara) e 'Willy' tentaram se deslocar em direção aos morteiros, mas nessa altura foram avistados pela base da metralhadora, que começou a disparar. Atingido na panturrilha, 'Ramón' foi auxiliado por 'Willy' a chegar ao Tuscal (onde, parece, ambos descansaram por alguns minutos) [...] Os militares Encinos, Choque e Balboa foram os primeiros a colocar as mãos em Che."

Cotejados, trechos de documentos de outubro e novembro de 1967 revelam versões diferentes e algumas contradições em torno da execução de Che. Alguns exemplos:

- Um telegrama do embaixador Henderson ao Departamento de Estado, emitido às 4h24 de 9 de outubro, reproduz a mentira oficial dos militares bolivianos de que Che "foi capturado gravemente ferido ou doente". Como se sabe, era um ferimento, na panturrilha da perna esquerda, sem gravidade. Posteriormente, acrescentariam um outro dado à mentira: o corpo de Che teria sido cremado.
- Às 15h02 do mesmo dia, Henderson volta a informar a Washington que "às 10h, o presidente Barrientos comunicou a um grupo de jornalistas que Che Guevara está morto". Há uma certa concordância em torno da hora da morte. Ela teria ocorrido por volta das 13h.[13] Barrientos, voluntariamente ou não, cumpriu a missão de antecipar o que pouco depois iria ocorrer naquele mesmo dia. Mas, ao que parece, naquele momento, a versão pública oficial não estava pronta. Barrientos diz, então, aos repórteres, conforme relata o embaixador dos Estados Unidos, que, por enquanto, não havia "maiores detalhes".
- No dia 10, às 14h33, Henderson informa ao Departamento de Estado: "Está sendo realizada a conservação do cadáver de Guevara. Também serão recolhidas suas impressões digitais." Henderson não sabia ou, diplomaticamente, calou-se sobre o assassinato, a amputação das mãos de Guevara e o enterro do cadáver em um terreno baldio.[14]
- Às 22h34 o embaixador recebe um telegrama do Departamento de Estado, com orientação a respeito de uma reportagem da agência Reuters na qual um agente da CIA, oficialmente tratado como um corpo estranho ao governo dos Estados Unidos, é personagem principal. Washington cita a Reuters a respeito de "um homem calvo e bastante robusto (de cerca de 35 anos)", que tentava impedir os jornalistas de

13 O corpo de Che foi enterrado nas imediações do aeroporto de Vallegrande.

14 Embora Ramos (Félix Rodríguez) estivesse por lá, é mais provável que, nesse caso, se tratasse do agente Gustavo Villoldo que, fisicamente, correspondia à descrição do repórter da Reuters. A idade presumida, 35 anos, era mais próxima à de Villoldo, à epoca com 41 anos. Rodríguez tinha 25 na ocasião. Uma foto desse agente, ao lado do corpo de Che, publicada na revista *IstoÉ*, de 04 de abril de 2007, também favorece essa hipótese.

se aproximarem do cadáver de Che em Vallegrande: "Dizem que é um exilado cubano (Ramos)[15] que trabalha para a CIA." Washington determina com um cala-boca do embaixador: "Se houver perguntas a respeito disso, o Departamento de Estado não dará qualquer declaração." Tudo indica que, mais uma vez, a CIA operava à margem do governo dos Estados Unidos.

- Henderson, em telegrama de 11 de outubro (13h28), enviado ao Departamento de Estado, insiste na mentira oficial divulgada pelo governo boliviano: "Quando Che foi apanhado, estava mortalmente ferido. Nas palavras do comandante da 8ª Divisão, Zenteno Anaya, por isso foi impossível realizar um interrogatório."
- Em 13 de outubro, já sob pressão da opinião pública mundial, o embaixador Henderson faz o seguinte relato ao Departamento de Estado: "Durante uma coletiva de imprensa, que se deu em 10 de outubro, o coronel Joaquín Zenteno Anaya forneceu as seguintes declarações: em 8 de outubro, Che Guevara foi gravemente ferido num tiroteio ocorrido 7 quilômetros ao norte de Higueras [...] ferido no peito e na perna esquerda, veio a falecer provavelmente devido às lesões no tórax." O telegrama prossegue: "Em resposta a uma pergunta sobre a CIA [...] Zenteno disse que até o momento só elementos nacionais auxiliam o Exército boliviano. Não tenho conhecimento de outros."
- As mentiras oficiais não resistem à rebelião dos fatos. O discreto Henderson volta a se dirigir ao Departamento de Estado no dia 14 de outubro: "Os céticos afirmam que pareceu suspeita a cremação do corpo antes que ele pudesse ser identificado por Roberto Guevara (irmão de Che), que em 13 de outubro, visitou, breve e infrutiferamente, Vallegrande."[16]
- Cerco à mentira vai se fechando. Henderson se reporta a Washington, em 16 de outubro, a partir das inconfidências do repórter da UPI, Carlos Villaborda, e pede sigilo sobre o nome do informante: "O jornalista soube pelo responsável da CBS na Bolívia que a rede possui um vídeo que seria 'a prova do envolvimento da CIA na captura e execução de Che

15 Uma nota à imprensa, assinada pelos familiares de Che Guevara, de 22 de novembro de 1967 reconhece que a notícia da morte de Che é verdadeira, mas ressalva que "Che veio a morrer de maneira que desconhecemos entre 8 e 9 de outubro [...]".

16 Walter Withman Rostow (1916-2003), um dos nomes mais influentes da Guerra Fria entre os Estados Unidos e a União Soviética, conselheiro de Segurança Nacional (1966-1969), era um dos principais estrategistas norte-americanos na guerra do Vietnã.

Guevara' [...] Assim como no passado recente, é nossa intenção nos entrincheirar em um *no comment* a respeito [...]."

- Em 17 de outubro, a versão oficial sobre a morte de Che, endossada pelo embaixador Henderson, começa a ser desmontada. Nesse dia, Walter Rostow[17] informa em relatório ao presidente Lyndon Johnson: "Segundo as últimas notícias que a CIA nos forneceu, Che foi capturado vivo. Após um breve interrogatório para estabelecer sua identidade, o chefe das Forças Armadas bolivianas, general Ovando, ordenou sua execução."[18]
- Em 18 de outubro, Henderson ensaia a fuga da versão oficial em telegrama enviado do Departamento de Estado: "Os documentos divulgados não fornecem resposta plausível às especulações públicas sobre quando e de que modo Che morreu. Vale notar que nem a certidão de óbito nem o laudo da autópsia informam a hora do falecimento (os médicos teriam declarado aos jornalistas que Guevara morreu poucas horas antes da autópsia, executada no fim da tarde de 9 de outubro) [...] Estamos diante de uma provável tentativa de aniquilar as diferenças entre uma série de declarações conflitantes fornecidas num primeiro momento pelo Exército [...]."
- Em 24 de outubro, Henderson transmite ao Departamento de Estado a matéria publicada no dia anterior pelo diário comunista *El Sigilo*, do Chile, e assinada pelo jornalista Eduardo Labarca. O texto dinamita a versão do governo boliviano. Diz o embaixador: "Ele escreve que uma importante fonte oficial de La Paz lhe revelou que a CIA participou da execução de Che Guevara. O cubano Félix Rodríguez foi indicado como o agente da CIA presente no local [...] Labarca afirma que a história da cremação do cadáver de Che é falsa e que na verdade o corpo está sepultado nas cercanias do necrotério de Vallegrande [...]."

Os relatos conhecidos sobre a prisão e a execução de Guevara, inspirados em interesses variados, políticos e pessoais, formam um manancial de contradições e, a reboque do mito Che, suscitam fantasias dos aliados e dos adversários.

17 O pragmático Rostow diz ainda, no mesmo documento, com um tom de comemoração: "A morte de Guevara [...] demonstra a eficácia de nossa assistência ('medicina preventiva') aos países que enfrentam revolta."

18 Era um agente mais graduado do que Rodríguez. Responsável pelo *country team* na Bolívia. John Tilton, seu superior, não estava naqueles dias.

Em um artigo publicado em 19 de setembro de 1997 pelo jornal *Miami Herald*, Gustavo Villoldo[19] afirmou: "A ordem de matar Che veio do Exército boliviano." Durante uma longa entrevista concedida em 2002 ao jornalista brasileiro Saulo Gomes, o coronel boliviano Gary Prado afirmou que a decisão de eliminar Che foi, na realidade, do presidente Barrientos e dos generais Ovando Canida e Juan José Torres, preocupados com a idéia de terem de enfrentar as pressões da opinião pública mundial durante um suposto e imprevisível processo contra Guevara. Relata Prado: "O governo boliviano emitiu via rádio uma ordem cifrada para o coronel Joaquín Zenteno Anaya, comandante da 8ª Divisão, nos seguintes termos: 'O governo não quer testemunhos em La Paz.' A tradução desse comunicado era: 'Matem os prisioneiros que estão na escola.' Então Zenteno reuniu a tropa e solicitou dois voluntários para a ação. Todos os sete sargentos e os suboficiais que se encontravam presentes se ofereceram. O superior dispôs: 'O sargento Huanca matará Willy, Mario Teran matará Che Guevara."[20]

Há muitas versões sobre a cena final da execução de Che Guevara. O relatório do Exército americano, pela imparcialidade dos autores, tem um valor especial. Esse documento expõe a coragem de Che. Diante da morte iminente, ele se vale da ironia: "Prado ordenou então a Perez que eliminasse Guevara. Perez, todavia, não teve ânimo e retransmitiu a ordem ao sargento Teran (campanha "B"). A essa altura, Perez perguntou a Che se tinha um último desejo antes de sua execução. Perez lhe perguntou se era um materialista e, em tom pacato, Guevara respondeu-lhe 'talvez' [...]."

O sargento bêbado adia a execução por alguns minutos. Nenhuma versão fala sobre vacilações do guerrilheiro quando ficou a mercê dos seus captores.

> [...] Algumas cervejas tinham dado novo ânimo a Teran, que voltou para a cela de Che. À sua chegada, Guevara [amarrado pelos pulsos à frente do corpo] levantou-se e exclamou: "Sei por que está aqui. Estou pronto". Teran lhe respondeu: "Está errado, sente-se", abandonando mais uma vez o local por alguns minutos.

19 Cf. Saulo Gomes, *Quem matou Che Guevara*, São Paulo, Editora Elevação, 2004, p. 170.

20 Em 29 de junho de 1997, os ossos de Che são encontrados, em uma fossa em Vallegrande, com os demais seis guerrilheiros. Em 12 de julho de 1997, seus restos mortais, enviados a Cuba, são recebidos no aeroporto de San Antônio de Los Baños, por familiares, autoridades e amigos mais próximos. Seus restos mortais ficaram temporariamente na sala Granma do Ministério das Forças Armadas e, posteriormente, foram levados para um mausoléu na praça Ernesto Che Guevara, em Santa Clara.

Teran, então, volta à presença de Che pela última vez.

> [...] o prisioneiro levantou-se mais uma vez para enfrentá-lo. Teran mandou que ficasse sentado, mas Guevara respondeu: "Agora quero ficar de pé". Enfurecido, o sargento o intimou para que se sentasse. Mas Che perdeu a calma: "Saiba que está matando um homem". Nessa altura, empunhando uma carabina M2, Teran o matou com uma rajada de balas, arremessando-o contra a parede do cômodo [...].

A autópsia revela que nove buracos de bala penetraram no corpo de Che naquele início de tarde de 9 de outubro de 1967.

Essa pode não ser a versão definitiva da cena final de Che Guevara. Mas ela tem a chancela insuspeita do relatório do Exército norte-americano escrita, certamente, pelos oficiais que estiveram presentes o tempo todo na campanha da guerrilha guevarista. Mas, afinal, qual será a versão verdadeira?

A história já foi comparada a uma *stripper* profissional que se desnuda lentamente aos olhos lascivos dos pesquisadores. Os documentos aqui publicados mostram um pouco mais. Certamente não a desnudam de todo. A história, calculadamente, guarda outros segredos e outros enigmas, para deleite dos pesquisadores que virão. Mas nem eles conhecerão tudo. Clio, a deusa grega, nunca se mostra inteiramente. Para ninguém.

Este livro foi composto em Celeste e impresso pela
Ediouro Gráfica sobre papel offset 90g para a
Ediouro em setembro de 2007.